LAS EXCAVACIONES DE R'LYEH

La Arqueología como método,
la Prehistoria como idea
y la Literatura Fantástica de H.P. Lovecraft

Riccardo Frigoli

AHIA: Colección Arqueología Pública

Todos los derechos reservados. El contenido de esta obra está protegido por Ley. Queda totalmente prohibida cualquier forma de reproducción de la misma, sin consentimiento expreso del editor. Si necesita fotocopiar o escanear algún fragmento de esta obra diríjase al Editor www.jasarqueologia.es

Primera Edición, julio de 2010

© De la edición:
JAS Arqueología S.L.U.
Plaza de Arteijo 8, T-2
28029 - Madrid
www.jasarqueologia.es
Editor: Jaime Almansa Sánchez
Corrector: David Andrés Castillo

© Del texto:
Riccardo Frigoli

© De la imágen de portada:
Michelangelo Algardi

ISBN: 978-84-938146-0-1 (papel) / 978-84-938146-1-8 (electrónica)

Depósito Legal: M-31371-2010

Imprime: Service Point
www.servicepoint.es

Impreso y hecho en España - Printed and made in Spain

LAS EXCAVACIONES DE R'LYEH

La Arqueología como método, la Prehistoria como idea y la Literatura Fantástica de H.P. Lovecraft

Riccardo Frigoli

ÍNDICE

Presentación — 1

Estrato 0 — 5
Introducción

Estrato 1 — 13
Ecos de un pasado prehistórico (el arqueólogo protagonista)

Estrato 2 — 45
No está muerto quien puede yacer eternamente (los sueños, el pasado y la imaginación)

Estrato 3 — 71
La gran pregunta planteada por la existencia (Arqueología y pensamiento antropológico)

Estrato 4 — 111
Extranjeros en su propia tierra (Lovecraft, los Nativos americanos y otros seres)

Anexos

Anexo 1. *Cronología de la colonización romana de la Península Ibérica (219 a.C. - 13 a.C.)* — 139

Anexo 2. *Cronología de la colonización europea de América del Norte (1497 - 1969)* — 146

Anexo 3. *Cronología de los hallazgos paleoantropológicos y obras artísticas relacionadas (1822 - 1964)* — 160

Estrato 5 — 169
Outro

Bibliografía — 175

Presentación.

> "...after all, archaeology is fun. Hell, I don't break the soil periodically to 'reaffirm my status'. I do it because archaeology is still the most fun you can have with your pants on".
> (K. Flannery "The Golden Marshalltown", in American Anthropologist, 1982)[1]

Tres grandes pasiones: la literatura de aventura, la música y la arqueología prehistórica han ido creciendo y se han desarrollado a lo largo de los últimos diecisiete años de mi vida en este planeta y han hecho, a su manera, más feliz mi estancia entre los humanos. Dos de estas pasiones se cruzan en este breve ensayo, o macabra excavación: la Arqueología y la Literatura. La Arqueología se ha convertido en mi trabajo, la música sigue siendo mi pasatiempo preferido, y los cuentos del "solitario de Providence" ejercen todavía aquel arcano terror en mi espíritu desde que, siendo muy joven, empecé por primera vez, casi por casualidad, el viaje onírico entre las páginas de los cuentos de Lovecraft; ya que es así, gracias al azar, como a menudo se descubre a un escritor, que tal vez llegará a ser el "autor preferido"

---

[1] "... a pesar de todo, la arqueología es diversión. ¡Vaya! Yo no excavo la tierra periódicamente para 'reafirmar mi estatus'. Lo hago porque la arqueología es todavía la mayor diversión que se pueda tener con los pantalones puestos".

Al igual que muchos de sus lectores contemporáneos, conocí la terrorífica narrativa del escritor de Nueva Inglaterra durante mi juventud y aquélla atrajo repentinamente mi atención, no tanto por su estética, sino más bien por la efectividad de la prosa, la pasión por la aventura de los protagonistas de los cuentos y por esos mundos antiguos que se escondían detrás de los telones del tiempo y más allá del umbral del sueño. Comencé entonces a gestar un sueño narrativo, que, alimentado por la música y el estudio de las épocas más antiguas de la humanidad, se ha desarrollado en el tiempo hasta llegar al día de hoy, conservando su esencia onírica primordial: ¡sigue alimentando mi imaginación!

Esta fantasmagoría de investigaciones entre las sombras se desarrolla a lo largo de cuatro capítulos entrelazados que comparten el mismo objeto: la relación entre la Arqueología como método y la Prehistoria como idea a través de la narrativa de H. P. Lovecraft. Por su parte, los capítulos resultan independientes al gozar cada uno de ellos de unas características propias.

He intentado, en la medida de lo posible, respetar en cada capítulo el orden cronológico de la redacción de los cuentos del escritor de Nueva Inglaterra, con el fin de conferir a la narración una especie de trama que se desarrolla a lo largo del tiempo y que me permite tejer la urdimbre de la narrativa fantástica, y de la investigación arqueológica, con algunos de sus más renombrados protagonistas y de las macabras investigaciones en este reino de las sombras.

Una relativa heterogeneidad de los temas presentados en este ensayo refleja, en parte, la ausente organización del escritor de Providence al relacionar temas como puedan ser la Arqueología y la Prehistoria, no habiendo nunca, el mismo Lovecraft, presentado un corpus homogéneo de cuentos dedicados a este tema.

Considerando este ensayo como una "excavación literaria", vamos a desarrollar el argumento:

- Una breve Introducción, el estrato 0, presenta al lector el argumento de la Arqueología y de la Prehistoria en relación con la literatura.
- El primer capítulo, estrato 1, tiene como tema principal a los protagonistas, los héroes, de estas macabras investigaciones entre las sombras.
- En el segundo capítulo, estrato 2, intentamos trazar la relación entre sueños, pasado e imaginación, tanto a través de la poética lovecraftiana, como a través de la investigación arqueológica.

- El capítulo tercero, estrato 3, quiere ofrecer una visión general de la investigación arqueológica a principios del siglo XX e investigar algunos de los tópicos histórico-arqueológicos presentes en la narrativa del autor.

- Con el cuarto capítulo, estrato 4, se quiere llevar al lector hacia la relación Historia-Prehistoria y proponer una visión general sobre la investigación arqueológica en América del Norte, profundizando en la relación existente entre la "civilización europea" y las sociedades indígenas de los pueblos nativos de América (tres anexos nos ayudarán a la contextualización cronológica de la colonización romana de la Península Ibérica, la Colonización europea de América del Norte y la definición de la evolución humana a través de los más importantes hallazgos en el siglo XIX y principios del siglo XX).

- Con una breve *outro* (o conclusión), estrato 5, especular a la "introducción", quiero finalizar con una suerte de homenaje a la poesía de Lovecraft.

En el "yacimiento literario" de esta fantasmagoría de investigaciones arqueológicas entre sombras macabras (parafraseando una expresión de Lovecraft que, en el cuento "Horror en Red Hook" es utilizada para describir la vida del policía Malone[2]), se descubre a un joven escritor autodidacta de Nueva Inglaterra, unos temerarios y valientes investigadores de lo ignoto, y muchos investigadores del pasado más profundo de la humanidad con sus excepcionales descubrimientos. El paisaje de fondo son los sueños, las pesadillas y la fantasía tanto de los protagonistas como del autor.

A propósito del director de estas "excavaciones de R'lyeh", él es un arqueólogo y prehistoriador que ha desarrollado una constante "obsesión" por tumbas, sepulturas, esqueletos, calaveras, música... Por esto, querido lector, espero que puedas perdonarle su casi esquizofrénica relación con muertos, momias apestosas, épocas olvidadas, palas, picos, sueños, imaginación, exhumaciones, putrefacción y antiguas ciudades perdidas bajo las arenas.

Como cantan los Bolt-Thrower: "... *¡enter the Realm of Chaos, your nightmare has just begun!*"... (¡Entrad entonces en el Reino del Caos, vuestra pesadilla acaba de empezar...!).

Agradecimiento especial a: mi madre Maria Teresa Galli, María Crespo, Carmen Lominchar, Cristina Fierro, Alicia Bender, Cassandra Block, Julia Rodríguez, Rocío Del Amo, Manuel Madrigal, Michelangelo Algardi y el editor.

---

2 *"...a phantasmagoria of macabre shadow-studies"*.

Estrato 0.
Introducción

> *"En todos nosotros hay algo de las decisiones tomadas cuando se talló el primer hacha de mano. Sólo la arqueología puede llevar a cabo una tarea tan grandiosa pero aunque lleguemos a los orígenes de una idea ésta no se reduce a algo fuera de sí. La forma cultural permanece creada, específica e irreductible"*
> (Ian Hodder, "Reading the past", 1986)

El vínculo existente entre literatura y arqueología prehistórica es de notable importancia desde varios puntos de vista. El tema de la Prehistoria es uno de los tópicos más clásicos para la trama de la novela de aventura. Esto es cierto, ya sea por lo que concierne a la recreación histórica (como por ejemplo las novelas que tienen como trasfondo el período paleolítico de la escritora francesa J. M. Auel o las novelas de Lorenzo Mediano, como *Tras la huella del hombre rojo*), como enlace entre la época prehistórica y el tiempo contemporáneo al lector (como en las novelas *La huella de Adán* de P. Popescu, *Neanderthal*, de J. Darnton o *Esaú* de P. Kerr), o para la recreación de un contexto de larga profundidad temporal[3] y para la definición de un ambiente complejo en su

---

[3] Véanse también las famosas novelas de Agatha Christie *Muerte en Mesopotamia* y *Muerte en el Nilo*. Christie estuvo casada con el renombrado arqueólogo inglés Max Mallowan, antes ayudante de Leonard Wolley en las excavaciones de Ur y luego especialista en historia y arqueología de Oriente Medio.

estructura topográfica, en la que se mueven los personajes contemporáneos como en un laberinto (un ejemplo es la novela *In pursuit of the proper sinner* de E. George, donde aparece un mapa arqueológico del lugar donde se desarrollan los acontecimientos). Si cambiamos por completo de registro narrativo, la Prehistoria ha sido también el tema de un famoso y divertido relato breve de Roy Lewis, *Crónica del Pleistoceno*.

Pero creemos que la relación entre literatura y prehistoria es aún más profunda y compleja. La contradicción en términos en este caso es sólo aparente: no se trata, como es obvio, de una literatura en la prehistoria, sino una literatura de la prehistoria y la prehistoria en la literatura.

Pre-Historia, antes de la escritura, pero no por esto la escritura borra sus antecedentes: "*valores conceptuales y arquetipos testigos de culturas sin escritura han sobrevivido de maneras más o menos ocultas en las manifestaciones artísticas sucesivas, incluida la literatura escrita*[4]".

Por lo que se refiere a la relación con la escritura, queremos además considerar el aspecto mismo de la arqueología prehistórica como narrativa, como publicación, de la forma más cruda del artículo de revista científica al libro de divulgación, palabra que hoy en día ha asumido, en el ambiente arqueológico, cierto matiz negativo, pero que, sin embargo, bajo nuestro punto de vista, tiene un significado muy noble: hacer público. Publicar una excavación, por ejemplo, significa escribir sobre ella y hacerla pública, no sólo para que el ambiente científico y el mundo se entere de ella sino también, y sobre todo, para que el mundo tenga interés en aquella excavación: publicar para despertar interés.

En su manual de técnicas de excavación arqueológica, el arqueólogo romano Andrea Carandini pone como título al capítulo cuarto (donde escribe sobre la publicación), *Narración y Edición*: "*...las operaciones que desde la prospección y la excavación llevan a la narración histórica...*". Narrar la excavación arqueológica, desde la tierra hasta la palabra (y, a veces, desde la palabra hasta la tierra, como en el caso de Schliemann, quien, como se sabe, busca, reconoce y excava la antigua ciudad de Troya tras las palabras de Homero...).

---

4 Meschiari 1999, p. 47. Nos parece muy interesante la cita de Italo Calvino en un artículo de Matteo Meschiari: "*Nos gustaría hacer nuestra la mirada del arqueólogo y del paleontólogo, tanto sobre el pasado, como sobre esta muestra que es nuestro presente, sembrado por productos humanos fragmentarios y mal clasificables: industrias metálicas, megalitos, venus esteatopigias, esqueletos de hecatombe, fetiches*".

La publicación es tan fundamental para la Arqueología, como la misma excavación. Según el famoso arqueólogo inglés Philip Barker, la publicación es una obligación: *"...hay arqueólogos que hasta llegarían a afirmar que un yacimiento excavado, pero sin publicar, ha sido destruido o mutilado de la misma manera que si le hubiera pasado por encima una retroexcavadora*[5]*"*.

En lo que concierne a la *divulgación científica*, es un tipo de narración que para muchos (sin razón, para nosotros) se encuentra por debajo de la publicación científica. La literatura arqueológica presume de varios libros muy interesantes, algunos de ellos consiguen enganchar como verdaderas novelas de aventura, sin perder de vista la exactitud de la información, siendo fundamentados sobre datos científicos. Tomando como ejemplo sólo la Prehistoria, y no la Arqueología *tout court*, recordamos títulos como *Testimony of the spade* de Bibby (o el libro, del mismo autor, Hace 4.000 años) y *El primer americano* de C. W. Ceram (menos famoso, pero igual de interesante que Dioses, tumbas y sabios).

Podemos afirmar que no sólo la arqueología es un tópico importante para la literatura, sino que también la literatura es fundamental para la investigación arqueológica: *"quien escribe informes de excavación no debería formarse sobre otros informes de excavación sino sobre los cuentos de Grahame Green o las novelas de George Simenon*[6]*"*.

Tan lejos llega la relación entre el más antiguo pasado del ser humano y la literatura, que también autodidactas de la literatura fantástica, como el mismo H. P. Lovecraft, no pueden olvidarse, por ejemplo, de la influencia de Homero y del peso histórico y literario del poeta heleno.

Aquí proponemos dos referencias a la Odisea, del mismo Lovecraft. En *La llamada de Cthulhu* encontramos la referencia a la cueva del cíclope, mientras que *En las montañas de la locura*, escrito en el período febrero-marzo de 1931, hallamos una referencia al encuentro entre Ulises y las sirenas: *"...hubiera querido tener los oídos tapados con cera, como los compañeros de Ulises en el mar de las sirenas para no escuchar la odiosa melodía del viento..."*

"...and wishing that I had wax-stopped ears like Ulysses' men off the Siren's coast to keep that disturbing windpiping from my consciousness".

---

5 Barker 1981, p. 277.
6 Barker 1981, p. 298.

El texto homérico, la Odisea en este caso, es una obra de referencia importante para Lovecraft, como, diríamos, para cada escritor que construya su narrativa y su poética sobre el viaje de descubrimiento, sobre la aventura más allá de los límites de lo conocido, sobre la bajada al infierno o la visita a lugares mortales. El mismo Dante Alighieri no se escapa de la fascinación de la imagen del hombre que supera el umbral de lo desconocido para satisfacer su sed de conocimiento y obedeciendo a su instinto de aventura, describiendo a su manera la famosa escena homérica del pasaje de las Columnas de Hércules:

"Io e' compagni eravam vecchi e tardi/ quando venimmo a quella foce stretta/ dov'Ercule segnò li suoi riguardi/...considerate la vostra semenza:/ fatti non foste a viver come bruti/ ma per seguir virtute e canoscenza"

Yo y mis compañeros éramos viejos y tardos/ cuando llegamos a aquella fosa estrecha/ donde Hércules marcó sus dos resguardos/... considerad vuestra simiente:/ hechos no fuisteis para vivir como brutos/ sino para perseguir virtud y conocimiento (Divina Comedia, Infierno, Canto XXVI).

Si pensamos en la poética onírica de Lovecraft nos parece interesante notar como el mismo protagonista de la Divina Comedia, Dante, empieza el viaje más allá de lo conocido, el viaje mortal al ultratumba, soñando:

"io non so ben ridir com'io v'entrai/ tant'era pieno di sonno a quel punto/ che la verace via abbandonai".

no sé bien redecir como allí entré/ tan somnoliento estaba en aquel punto/ cuando el veraz camino abandoné[7].

El breve ensayo que aquí proponemos quiere ser una especie de "excavación literaria", una fantasmagoría de investigaciones arqueológicas en la literatura de lo fantástico y del miedo en el reino de las sombras; una especie de excavación de la mítica, fantástica y onírica ciudad de R'lyeh, la utopía del terror (si entendemos el término en su valor etimológico de "lugar que no existe" físicamente pero sí en la imaginación), el "lugar símbolo" engendrado por la imaginación de Lovecraft.

Estas "excavaciones de R'lyeh" (en este caso sin la financiación de la Miskatonic University de Arkham) han sido llevadas a cabo a varios niveles,

---

[7] Véase, sobre la relación sueño-visión en Dante, el ensayo de Marisol Villarrubia: *"Sueños, ensueños y apariciones en el Purgatorio de Dante. Su función estructural y significativa"*, en http://www.ucm.es/info/italiano/acd/tenzone/t1/marisol.htm.

quitando distintas unidades onírico-estratigráficas. El material de la excavación equivale al material narrativo de los cuentos de Lovecraft; la técnica de excavación es la estratigrafía, la técnica de la eliminación sucesiva de estratos, narrativos y psicológicos, y su reordenación narrativa; la dirección de la excavación es la personal del autor de este ensayo, ayudado por un excepcional equipo de especialistas (véase la bibliografía); mientras que el plan de la campaña de excavación se desarrolla a lo largo de una progresión histórico-cronológica. El área de las excavaciones es bastante amplia, pues abarca muchos de los cuentos del escritor de Providence (sin tomar en consideración otros tipos de fuentes como por ejemplo su epistolario), mientras que los términos post quem y ante quem del depósito narrativo lovecraftiano son 1897 y 1936.

Creemos que sin una imaginación controlada, como la definió uno de los padres de la Arqueología, Sir Mortimer Wheeler, la Prehistoria estaría vacía, el Pasado es aburrido y la Arqueología casi inútil... y lo mismo creemos que se puede afirmar respecto a la literatura. *"El arqueólogo cree en un mundo en el que el efímero poder de los pensamientos y de las emociones se ha materializado de forma duradera en los monumentos*[8]*"*.

Para alcanzar estos paraísos perdidos en el tiempo, el arqueólogo se involucra en emocionantes y maravillosas aventuras en el tiempo y en el espacio, y en fantasmagóricas investigaciones en el reino de las sombras... y de los huesos.

La pasión de Lovecraft por el pasado emerge explícitamente, ya sea del análisis de sus cuentos y de su poesía, ya sea de algunas cartas del escritor. En una de éstas, con fecha 7 marzo de 1920 y escrita para Reinheard Kliener, el escritor de Nueva Inglaterra afirma su amor por todo lo que es antiguo y permanente, y esta forma de inmortalidad del pasado es una de las características fundamentales de la poética del escritor de Providence. El amor por el pasado clásico, por el mundo antiguo griego y romano, sale claramente a la luz en algunos cuentos como *El árbol* o *El templo*. En nuestro ensayo no hay citas de cuentos de este tipo, pues éstos no son, como diríamos, cuentos arqueológicos, entendiendo con esta definición aquellos cuentos donde haya representada una investigación del pasado que se desarrolla en el presente de los protagonistas (de esto trata la arqueología), sino, más bien, son cuentos histórico-oníricos, donde el tiempo de la acción es el mismo tiempo pasado. Hemos entonces creado una hipotética, aunque no definitiva, división temática (*ad hoc*) en la narrativa lovecraftiana:

---

[8] Carandini 1997, p. 217.

1. Cuentos donde la acción se desarrolla íntegramente en el pasado (a menudo al tiempo de una antigua civilización). En estos casos el autor recrea un pasado histórico, donde el protagonista del cuento vive en aquel pasado, y no está en la piel de un arqueólogo/antropólogo que viva en el presente. Estos cuentos nos interesan menos porque, aparte de la fantasía literaria del autor, no hallamos ninguna referencia al método arqueológico, a la arqueología, o a alguna analogía con hechos arqueológicos reales. En esta tipología hallamos cuentos como *Polaris, Memory, La nave blanca, La maldición de Sarnath, El árbol, Celefais*, etc.

2. Cuentos donde la acción se desarrolla en el mundo moderno, contemporáneo a Lovecraft, donde a través de excavaciones, investigaciones o acontecimientos geológicos, además de estados oníricos, se propone un conocimiento (arqueológico), más o menos fantástico, del pasado. Este es el tipo de cuento que nos interesa en este ensayo; los definimos como "cuentos arqueológicos". Los llamamos así porque los personajes del cuento hacen una excavación, o porque el protagonista, como nosotros hoy en día, tiene un conocimiento del pasado sólo parcial y a través de los restos arqueológicos presentes en su entorno cotidiano. Se puede decir que está en contacto con el aspecto contemporáneo del pasado, con la contemporaneidad de la evidencia arqueológica. Es este el tipo de cuentos que vamos a analizar en este ensayo y que utilizaremos como material narrativo.

La contemporaneidad de la evidencia arqueológica es uno de los aspectos fundamentales de la investigación arqueológica y de las cuestiones filosóficas que permean la disciplina de la Prehistoria y la investigación del más antiguo pasado del ser humano. Lewis Binford, uno de los más importantes arqueólogos del siglo XX, afirma que es una equivocación pensar en el arqueólogo como el descubridor del pasado, pues la documentación arqueológica está con nosotros hoy en el subsuelo[9], es parte de nuestro mundo y las consideraciones que nosotros hacemos sobre aquella son contemporáneas. En la materialidad y en la estética de la documentación arqueológica, de los restos, y de los objetos, no hay nada que indique su pasado, o el pasado, per se. En las consideraciones, en las ideas del observador está el concepto de pasado, y es el observador mismo el que aplica este concepto, que puede cambiar en el tiempo, a los objetos, en un intento de recreación de la dinámica de las sociedades humanas que hicieron y utilizaron estos objetos. De este concepto deriva el siguiente: la misma Prehistoria, entendida como el tiempo, el pasado del ser humano antes

---

9 Binford 1990, p. 23.

de la existencia de las fuentes escritas, es una idea, que cambia según quién la piense y dónde la piense. De hecho, uno de los libros más interesantes sobre el desarrollo de la investigación arqueológica se titula *The idea of Prehistory*, la idea de la Prehistoria. Al investigador, al arqueólogo, se le pide entonces, como al escritor de cuentos, imaginación, aunque controlada, para dar dinamismo y profundidad a la condición estática de la evidencia arqueológica[10].

A estas alturas, creemos, se va aclarando el uso que queremos hacer de la narrativa del escritor de Providence: Lovecraft es un escritor que fundamenta sobre la creación de imágenes oníricas su mayor fuente de inspiración para la producción de historias, de cuentos. Él mismo, a menudo, escribe cómo ha sido un sueño la base para la creación de un cuento. El escritor de New England, además, echa los cimientos de su poética en su pasado personal (su familia) y colectivo (la humanidad).

Otro aspecto imprescindible, bajo nuestro punto de vista, es el hecho de que Lovecraft era un autodidacta, no era ni un escritor que se formó en la Universidad, ni un arqueólogo, y menos aún un explorador. A la hora de escribir una cuantas páginas sobre arqueología, prehistoria y literatura, nos pareció interesante el hecho de poder desarrollar un discurso arqueológico y narrativo a través de los ojos del público de principios del siglo XX, y un joven escritor de New England, Howard Phillips Lovecraft, nos ha brindado la posibilidad. Cuando leemos en los cuentos de Lovecraft su visión de la Prehistoria, del pasado, de su interpretación de distintas civilizaciones, no nos hallamos frente a una interpretación científica, académica, sino a una interpretación (y a una imaginación) de un joven autodidacta de New England y a través de esta visión podemos imaginar la opinión común del público de principio del siglo XX, sobre un tema como el de la Prehistoria, que nos habla del más profundo pasado del ser humano, y sobre el tema de la misma práctica arqueológica.

Si por un lado la arqueología como práctica y la Prehistoria como idea ejercen mucho atractivo sobre el público, por el otro no hay un gran desarrollo en el tema de la relación entre público, divulgación científica y excavaciones arqueológicas; de hecho, algunos arqueólogos contemporáneos, reconociendo la importancia de la relación público-arqueología, dedican mucha atención a la gestión de las excavaciones arqueológicas en relación con la gente externa a la obra, el público involucrado, aunque sólo como posible espectador, de los

---

10 *"That underatanding is dependent upon a large body of knowledge which links human activity (i. e. dynamics) to the consequences of those activities that may be apparent in material things (i. e. statics)"* (Binford, L. 1983. In pursuit of the past. New York, Thames and Hudson, 19).

hallazgos arqueológicos[11]. Esto vale, sobre todo, en el caso de excavaciones urbanas, donde hay más contacto entre arqueólogos y público.

Las mismas revistas científicas de arqueología a menudo resultan de difícil digestión por parte del público no especializado. A este propósito nació ya en 1925, en Inglaterra, *Antiquity*, una de las mejores y más conocidas revistas científicas de Arqueología. Esta revista nació con el fin de acercar al público a la investigación arqueológica. Así pues, nosotros creemos que la Arqueología, como, en cierto modo la literatura, tiene que tener un fin social.

---

11 Véase por ejemplo Carandini 1997, p. 62.

Estrato 1.
Ecos de un pasado prehistórico
(el arqueólogo protagonista)

> "...time and space become trivial and unreal,
> and echoes of a forgotten prehistoric past beat
> insistently upon the enthralled consciousness".
> (H. P. Lovecraft, "The Tomb", 1917)

Pura adrenalina. Una inyección de aventura y miedo. Jugarse la vida contra el misterio insondable y las fuerzas repulsivas del abismo del tiempo. Esto es lo que en realidad motiva la investigación arqueológica de los protagonistas más valientes en las aventuras al límite de lo humano, y a menudo más allá de lo humano, de la narrativa del "solitario de Providence".

Pura aventura, decímos, sin patéticos desenlaces moralistas de rescates del mundo amenazado o ambiguos juegos de poder. Los protagonistas arqueólogos de los cuentos de Lovecraft, a menudo también etnólogos y antropólogos, en la clásica definición norteamericana (véase cap. 4), son a la vez aventureros, exploradores tanto de la dimensión espacial, como de la dimensión temporal. La necesidad de confrontación con el misterio, lo ignoto, lo desconocido, es el fuego que alimenta el espíritu de los héroes de esta narrativa terrorífica.

El dinero, como muchas veces ha sido subrayado por atentos analistas de los textos lovecraftianos, no tiene ningún protagonismo en el desarrollo de la acción, y tampoco lo tiene la celebridad, la gloria en el mundo o el reconocimiento de las Instituciones. Ni el amor o el sexo son motivo de temáticas de aventura; solo la granítica esencia del misterio atrae como un imán el espíritu del investigador; este toma la iniciativa contra algo que llega desde el más antiguo pasado, un misterio más antiguo que el protagonista mismo y los patéticos seres humanos a su alrededor y tal vez por esta razón, muy a menudo aquel antiguo algo es aún más digno de la efímera contemporaneidad. Al mismo tiempo el misterio es parte, de alguna manera, de la experiencia onírica del protagonista, de su mundo de los sueños, de su mismo interior. Es la otra cara del misterio, la otra experiencia de aventura que el héroe lovecraftiano debe experimentar y con la que debe confrontarse: la esencia misteriosa de sus propios sueños y pesadillas. Queremos utilizar el término héroe en el sentido contemporáneo de protagonista de aventuras más que en el sentido clásico. El héroe de los cuentos de Lovecraft no es ni un Aquiles, dominado por la sed de gloria, ni un Jasón, héroes a pesar de su voluntad.

Impulsos adrenalínicos toman posesión de hombres dispuestos a todo para poder resolver el misterio, para confrontarse con sus miedos, para sondear hasta donde están dispuestos a bajar en el abismo y a retroceder en el tiempo y, si no a derrotar (porque a veces no se trata de una verdadera lucha), por lo menos a observar y a tomar conciencia de lo que se esconde, o espera soñando, en el más profundo de los abismos temporales y oníricos, en la más antigua prehistoria (aunque a menudo se aleja considerablemente del concepto académico del término) y en el más intenso de los sueños y bajo esta perspectiva nos parece interesante asociar al héroe lovecraftiano con el investigador de la prehistoria.

El héroe descrito por el "solitario de Providence" es a menudo un arqueólogo, un especialista del pasado más antiguo, muchas veces en la piel de un explorador, frecuenta los más remotos lugares geográficos. Pero nuestro héroe es a la vez antropólogo, pues en las antípodas del planeta encuentra sociedades humanas (y no sólo) muy distintas de la suya, en comunidades que parecen, según una distorsión antropológica aún viva hoy en día, "salir directamente de la prehistoria" (véase cap. 4).

Una definición de este tipo del héroe de la narrativa de Lovecraft, en términos tan absolutos, parece chocar con la imagen que los lectores tienen del mismo escritor después de leer sus datos biográficos y conocer el entorno social y psicológico que emerge de sus cuentos. El extremo conservadurismo, el omnipresente racismo, la salud a menudo precaria, el entorno casi exclusivamente familiar que le rodea, sobre todo durante su adolescencia, la particular relación con la madre y las tías, la falta de figuras masculinas fuertes y, diríamos, la muy poco venturosa vida de Lovecraft, parecen definir una personalidad antitética a los héroes protagonistas de sus cuentos, al arqueólogo que se ensucia las manos en el acto de escavar tumbas, que se quema la piel en el desierto, que se pierde en el océano y contempla antiguos obeliscos terroríficos, que exhuma cadáveres y excava necrópolis.

Si en parte es cierta la oposición formal entre el Lovecraft hombre y sus personajes literarios investigadores de lo ignoto, hay también unas semejanzas extraordinarias. Por ejemplo el ímpetu a la investigación (científico-arqueológica), la pasión por lo que es antiguo, bello y el misterio, pasión que va más allá de cualquier diferencia física, económica, nacional y también social, a pesar de que en este último ámbito (lo social) Lovecraft proponía una teoría bastante cerrada (véase cap. 2). Además, como hemos dicho anteriormente, la ausencia de influencia de aspectos como lo económico o lo sentimental, en lo que concierne el desarrollo de la aventura en el misterio acerca las investigaciones, llevadas a cabo por los personajes de los cuentos y por la vida personal del escritor de Providence.

La experiencia onírica a menudo es compartida por ambos, escritor y personaje, como experiencia fundamental junto (o más allá) a la experiencia física, en la solución del misterio o en su aceptación psicológica. Como ha subrayado Michel Houllebecq[12] en su interesante ensayo sobre Lovecraft, a menudo se ha planteado la hipótesis de que los personajes creados por el escritor del Nueva Inglaterra constituyan proyecciones del mismo escritor. Estos personajes corresponderían a un patrón, un retrato-robot donde cualquier psicología diferenciada es aplastada.

De hecho, el héroe protagonista de un cuento de pura aventura y misterio no tiene que estar necesariamente dotado de una profunda descripción psicológica, entendiendo que son los acontecimientos los elementos definitorios del personaje en la mente del lector. De la misma forma, la falta, o ausencia, de una profunda descripción psicológica del protagonista permite una suerte de intercambio entre el personaje, que experimenta la aventura en el contexto de la narración, y el lector, que experimenta la aventura en su imaginación.

Tal vez se pueda afirmar que el deseo de confrontación con lo ignoto, con el misterio, la necesidad de sondear el más remoto pasado sea un

---
12 Houllebecq 2001.

intento de poner orden al caos, de contener lo que se presenta sin límites, de comprender lo que no es comprendido ("cum-prehendere", recoger junto). Entonces, el mismo acto de observar, el mismo hecho de estar de frente, es una aproximación al conocimiento. Este es uno de los aspectos más interesantes de la poética de Lovecraft. Este acercamiento es una aproximación adrenalínica, pura emoción ("que mueve"); es curiosidad del intelecto. El mismo término aventura, "ad-ventum", esto es, "lo que está a punto de llegar", indica el movimiento, el acercamiento y el tiempo. El movimiento es fundamental: moverse en el tiempo y en el espacio.

Existen técnicas, artificios humanos, para intentar contener lo que es sin límites, para hacer que el caos sea haga orden, para contemplar el pasado. Los sueños son uno de los caminos privilegiados y la arqueología, esto es, la excavación arqueológica y la prospección, es el método más eficiente que tanto el héroe lovecraftiano (pero este de forma a menudo impropia) como el investigador de hoy en día tiene a su alcance.

De hecho, la excavación arqueológica es (por lo menos en teoría) la forma más ordenada para arrancar a la tierra lo que esta oculto. El conjunto de las praxis racionales que constituyen una excavación arqueológica debería permitir la contemplación, en forma ordenada, cognoscible, de lo que está oculto, desconocido y que en un segundo tiempo (¿socialmente?) definimos como antiguo, pasado.

"Excavar estratigráficamente", como observa el arqueólogo italiano Andrea Carandini, *"significa en primer lugar salvar del caos, mediante la división, todo lo que ha sido condenado a precipitar en los procesos unificadores de la descomposición, y en segundo lugar, recomponer nuevamente en unidades ordenadas todo lo que ha alcanzado a dividir a partir de las pobres relaciones espacio-temporales todavía conservadas en el subsuelo*[13]*"*.

La excavación arqueológica es una forma activa de recomposición y presentación de lo que antes estaba oculto, es, podríamos decir, una creación de imágenes del pasado, es desvelar el *mystèrion*, quitar la cortina (de tierra) a lo que está escondido más allá... Es, finalmente, como escribió el renombrado arqueólogo norteamericano Kent Flannery *"...still the most fun you can have with your pants on"*...todavía el mayor divertimiento que puedas tener con los pantalones puestos.

---

13 Carandini 1997, p. 250.

La aventura en el pasado

Creemos que uno de los aspectos más interesantes de la narrativa de Lovecraft es el carácter absoluto del espíritu de los protagonistas de sus cuentos, el hecho que estos sean desvinculados de otras situaciones y concentrados sólo en la confrontación con el misterio. Nos quedamos enganchados por el tema arqueológico de estas aventuras, donde el héroe-arqueólogo investiga lo ignoto del pasado del ser humano. Nos enamoramos de estos exploradores que descubren ruinas ignotas y, si no fuera por los delirios mentales sin fin en los cuales muy a menudo acaban, querríamos estar en su lugar. El público de finales del siglo XX, entre el cual imaginamos al Lovecraft adolescente, es el destinatario de los testimonios de las aventuras arqueológicas que unos hombres estaban llevando a cabo en varios rincones del planeta, alejados (sobre todo) del pacífico New England, epicentro de la creación literaria de Lovecraft.

> *"Seguramente la romántica historia de las excavaciones en Oriente Próximo no tardó en encender la fantasía del gran público. Y si miramos atrás, a la historia de los descubrimientos arqueológicos, hay de que emocionarse*[14]*".*

Botta cree haber descubierto Nínive (sin embargo estaba excavando Dur Sharrukin, la ciudad del rey Sargon III); Layard encuentra en Kuyunjik el palacio de Sennacherib con su gran biblioteca de tablillas con caracteres cuneiformes y los palacios de Assurnasirpal, Essaraddon y Salmanesser III, desde donde fueron llevados al Museo Británico de Londres enormes toros alados, estatuas y el obelisco negro de Salmanasser III; Rwlison desciende con una cuerda en un cañón rocoso (en Behistun) y se queda colgando en el vacío para transcribir las inscripciones trilingues hechas grabar por el rey persa Darío en el siglo VI a. C., los barcos que están transportando hacia el valle los objetos encontrados en el sur de Mesopotamia, a Khorsabad y Nínive, por Oppert, Fresnel y Thomas, son atacadas por bandoleros árabes y hundidos; en los años '70 y '80 Schliemann excava Troya, Micenas y Tirinto.

La aventura es en el espacio y luego en el tiempo, pero, antes de todo, en la imaginación, en los sueños como fuente primaria de la misma imaginación, de la creación de imágenes. Esta facultad nos permite salir de nuestro propio cuerpo con la mente y merodear en el espacio y en el tiempo; nos permite, al mismo tiempo, la contemplación y definición de estas imágenes. La aventura, que es en movimiento, obliga el cuerpo a seguir la mente, es, diríamos, movimiento en busca de las imágenes creadas.

---

14 Daniel 1968, p. 166.

Como a menudo queda manifiesto en los cuentos del escritor de Providence, a pesar de que el arqueólogo sea una suerte de héroe en las aventuras y misterios, la arqueología como técnica, más aún que ciencia, es una especie de *bella desconocida*. Si como intención los arqueólogos imaginados por Lovecraft son de los mejores: motivados e imaginativos, con espíritu de sacrificio, trabajan casi siempre sin subvenciones estatales y se dedican a la investigación por "amor al arte", bajo el punto de vista técnico no podríamos definirlos unos profesionales... aunque hay que admitir que con el horror siempre detrás de la esquina no debe ser simple trabajar en aquellas situaciones.

Excluyendo un par de afortunadas excepciones, estos arqueólogos, y el mismo Lovecraft también, tienen una idea poco clara de lo que es una excavación arqueológica, sobre todo en los cuentos más antiguos; probablemente, esta escasa información sobre cómo llevar una excavación arqueológica, es debida tanto a la escasez de informaciones de buen nivel disponibles entonces sobre las técnicas que se iban desarrollando en arqueología, como, y tal vez aún más, a la formación científica amateur de Lovecraft (un autodidacta) en arqueología, a diferencia por ejemplo de su buena preparación tanto en astronomía, con la famosa cita de la *scoperta de Plutón* en The Whisperer in the Darkness, del 1930, como en otras materias científicas[15].

Literatura y Arqueología de la muerte

Tumbas, necrópolis, estelas y sarcófagos como elementos antrópicos, mientras que campos, selvas, cuevas, pantanos, ciénagas y barrancos como elementos naturales, constituyen el ambiente a través del que se mueven tanto los investigadores del misterio en la narrativa de Lovecraft como los prehistoriadores. La muerte (¡no podría ser de otra forma!) es la protagonista omnipresente de la literatura del terror y de la literatura arqueológica. A una Literature of Death corre paralela una *Archaology of death*, la investigación arqueológica del mundo funerario.

Justo a una discusión sobre los temas relacionados con el análisis funerario se dedica la publicación The Archaeology of Death, editada en 1981 por los organizadores de una conferencia de la Prehistoric Society de Londres en 1979. El fin de este tipo de investigación arqueológica, según los autores de la publicación, es comprender y explicar la organización social de un grupo humano prehistórico a través del análisis de sus restos funerarios. El análisis de una necrópolis (topografía, ajuares, tipología de las tumbas, análisis

---

15 http://www.themodernword.com/scriptorium/lovecraft.html#Anchor-II-11481, di S. T. Joshi.

demográfico, etc.) permitiría entonces la comprensión de la organización social de la comunidad que creó la necrópolis misma.

La muerte, como en la literatura, no constituye tampoco para la investigación arqueológica un tema nuevo. El interés por las prácticas funerarias de las culturas extintas ha sido evidente a lo largo de todo el desarrollo de la arqueología, hasta hoy, siendo la caracterización de estas prácticas uno de los primeros objetivos para la fijación de la cronología de las épocas prehistóricas y la determinación (con el auxilio de otros tipos de datos) de las que, todavía hoy en día, son definidas como "culturas arqueológicas".

Resulta bastante evidente el hecho que el uso de los datos funerarios por parte de arqueólogos que trabajaban a menudo en contextos coloniales, se haya encontrado muchas veces en relación tanto con problemáticas sociales y culturales, como con temáticas étnicas y raciales. Véase por ejemplo la cuestión arqueológica, colonial y racial que surgió en el siglo XIX alrededor de los entonces llamados "Constructores de Tumulos" en los Estados Unidos (cap. 4).

Gracias a su importancia cronológica y cultural, los hallazgos funerarios tuvieron un papel fundamental en el periodo del nacimiento y primer desarrollo de la investigación arqueológica de la prehistoria, aunque hubo un tímido interés en utilizar aquellos datos también para el estudio de la organización social y del mundo del más allá en la diferentes fases de la prehistoria. Hablando de muerte y necrópolis, unos de los primeros cuentos escritos por el joven Lovecraft llevaba el título *The Tomb*, La tumba.

Cuando escribe *The Tomb*, en el junio del 1917, Lovecraft tien 27 años. El cuento es breve y muy interesante; nos parece una declaración de intenciones arqueológico-literarias. Tres puntos nos parecen claros desde el principio del cuento: la relación real-irreal, no hay una distinción precisa entre lo que es real u lo que no lo es; la importancia del sueño-visión y el hecho de que el protagonista haya pasado su adolescencia leyendo las páginas de antiguos y poco conocidos libros y merodeando los campos de la región cerca la casa de sus antepasados:

> "...spending my youth and adolescence in ancient and little-known books, and in roaming the fields and groves of the region near my ancestral home".

Tenemos entonces la relación entre la fuente, investigación bibliográfica o estudio literario, y el trabajo de campo como el conocimiento del territorio, de las fincas y de los bosques; conocimiento que, como muchas veces ocurre, nace de lo que más cerca se tiene, como el campo del vecino, la finca de los abuelos o hasta la mansión de los antepasados, como en el caso del gran arqueólogo inglés Pitt Rivers (véase *infra*). Este es uno de los aspectos más amenos y placenteros de la investigación arqueológica: la prospección de campos y bosques, y la excavación del subsuelo.

Lovecraft, a través de las palabras de Jervas Dudley, el protagonista, se refiere, al principio del cuento, a la sensación de solitud y deviación de la normalidad cotidiana, afirmando cuánto se haya alejado de este mundo, el mundo de las cosas y de los vivos...

> *"I have dwelt ever in realms apart from the visible world".*

Pero no es un alejamiento solitario, de hecho afirma también que si a un ser humano le falta la compañía de los vivos "buscará la compañía de quien no está vivo o de quien ya no lo es", es decir, de los muertos; el conocimiento y el estudio del mundo de los muertos puede, tal vez, ser más estimulante que el conocimiento y la compañía de quien está vivo...

> *"...for lacking the fellowship of the living, he inevitably draws upon the companionship of things that are not, or are no longer, living".*

Hay más. Como si fuera una declaración en estilo "Arqueología de la Muerte" *ante litteram*, Jervas Dudley sustenta que desde siempre había sospechado una ambigua relación entre lo que queda de los muertos y los individuos vivos que a su tiempo animaron aquellos restos y que la familia que vivía en la casa quemada cerca de la mansión de su propiedad fuera "representada por lo que yacía en el monumento de piedra" y que él quería explorar...

> *"I felt that the great sinister family of the burned-down mansion was in some way represented within the stone space I sought to explore".*

Aunque en este caso se trata de un contexto literario, casi con las mismas palabras es lo que los arqueólogos que investigan la muerte afirman: la convicción de la existencia de una relación, ambigua, indirecta entre el mundo de los vivos y el mundo de los muertos, una suerte de relación "filtrada": como si el mundo de los muertos pudiera, a través de la investigación arqueológica, "representar" el mundo de los vivos. Además, en el cuento podemos atisbar un intento, si no de excavación, por lo menos de ajuste arqueológico, cuando

Dudley afirma haber "abierto una pequeña parte de bosque delante de la cripta en ruinas" para tener acceso a la misma y una mejor vista; y tenemos también una aproximación a la investigación de las fuentes históricas sobre el monumento objeto de estudio, la tumba, cuando Jervas, dejando finalmente los intentos inútiles de forzar la puerta de la tumba, pasa algunos meses en "secretas investigaciones sobre la historia y la naturaleza del monumento".

Aunque sin olvidar el juego de la ficción onírica del cuento y su fin no científico, sino literario, nos parece interesante seguir anotando las relaciones existentes entre la búsqueda de lo fantástico y la investigación arqueológica.

El protagonista, después de unos cuantos meses de investigación, visitas a tumbas y lugares en ruinas y de análisis aproximados del territorio, ya está capacitado para una hipotética *reconstrucción* de la casa quemada que tenía que haber surgido encima de aquellas ruinas, escondite preferido del mismo protagonista, quien en su imaginación reconstruía el palacio como fue Entonces, no hay sólo la *interpretación* del mundo de los vivos comenzando desde los restos funerarios, sino también una *reconstrucción* (virtual) arquitectónica del yacimiento en ruinas. Lovecraft, en la cumbre de su creación fantástica, llega a observar el pasado, a vivirlo: la mansión se presenta con su grandeza en una magnífica visión...

> "...I had always vaguely expected. The mansion, gone for a century, once more reared its stately height to the raptured vision".

Un dato nos parece muy interesante: Lovecraft hace mención en este cuento, escrito en el 1917, del término "prehistórico"; J. Dudley afirma que en los alrededores de la tumba, en el medio de un mar de vegetación y envuelto por el olor de la tierra la mente abandona las coordenadas habituales; tiempo y espacio son secundarios, irreales y ecos de un olvidado pasado prehistórico golpean con insistencia la conciencia encantada...

> "time and space become trivial and unreal, and echoes of a forgotten prehistoric past beat insistently upon the enthralled consciousness".

El término *Prehistoria* fue introducido en las investigaciones arqueológicas británicas por el escocés D. Wilson ya en 1851, para indicar los restos materiales que se remontan a épocas anteriores a la escritura y fue popularizado, por lo menos entre el público anglosajón, por John Lubbock que editó en 1865 y en 1869 sus dos ediciones de *Pre-historic Times*. El término tuvo una rápida difusión. Ya en 1863 lo utiliza Boucher de Perthes y en 1864 Lartet.

Gabriel de Mortillet, en 1867, hace uso de la palabra francesa *"prehistorique"* en su guía a la Exposición Universal de Paris. Cocchi, en Italia, utiliza la palabra *"preistorici"* en 1865 en su artículo publicado en Milán por la Sociedad Italiana de Ciencias Naturales (*Di alcuni resti umani e degli oggetti di umana industria dei tempi preistorici raccolti in Toscana*).

El término parece entonces ya popular a principios del siglo XX, también a quien no es un arqueólogo profesional, como parece atestiguado por el hecho de que el mismo Lovecraft hace uso de él en su cuento *The Tomb*.

Si la terminología es correcta, no podemos afirmar lo mismo de las informaciones de nuestro autor, y al mismo tiempo, creemos, que la mayoría del público de su época tenía de las técnicas de excavación arqueológica. Hay que admitir, de todas formas, que hasta 1870, si excluimos la imponente excavación austriaca de la necrópolis de la Edad del Hierro de Hallstadt (primera mitad del primer milenio a.C.), de 1950, el interés sobre las excavaciones arqueológicas estaba limitado a la creación del registro gráfico de las secciones, a menudo con un estilo muy idealizado.

A pesar de este escaso interés científico, unos treinta años antes de la creación de *The Tomb* el general Augustus Lane-Fox Pitt-Rivers, estamos en los años '80 del siglo XIX, modificó la situación de falta de precisión científica en las técnicas de excavación con sus lentas y detalladas excavaciones que él mismo, como Jervas Dudley, estaba llevando a cabo en su finca, en este caso en el sur de Inglaterra y con una metodología mucho más refinada que la utilizada por el protagonista del cuento de Lovecraft.

Como escribía el gran Philip Barker en su libro *Thecniques of Archaeological Excavation*, publicado en 1977 *"nuestras técnicas modernas derivan de los quince años, entre el 1881 y el 1896, durante los cuales el lugarteniente general Pitt-Rivers llevó a cabo con precisión una serie de excavaciones en Cranborne Chase, donde era propietario de unas fincas; pudiendo entonces trabajar con celo, con medios económicos y humanos adecuados y, sobre todo, sacar a la luz una publicación de un tamaño que ahora nosotros tenemos muy poca esperanza de poder emular"*.

A finales del siglo XIX hubo un constante acercamiento entre investigación arqueológica y etnográfica. Emerge de forma clara en este momento la idea o, como hemos dicho más arriba la ilusión, de la existencia de tribus contemporáneas "primitivas", "ancladas en la prehistoria". Para arrojar luz a los datos de la arqueología funeraria, la gran cantidad de esqueletos y sepulturas que estaban siendo excavadas, a lo largo de todo el siglo XIX se hizo uso, en una forma poco sistemática, de las investigaciones entográficas sobre los que entonces eran etiquetados como "pueblos primitivos" y de las fuentes clásicas.

Conceptos como propiciación, piedad, purificación, viaje del alma, vida de ultratumba, aparecerán de forma aislada o junto a citas de los autores clásicos. Este uso no sistemático de informaciones ajenas a la arqueología se puede explicar con el hecho de que hasta los años '70 del siglo XIX falta en Etnología un marco teórico preciso y eficaz.

La primera construcción teórica de este tipo fue la del antropólogo norteamericano E. B. Taylor, quien desarrolló el argumento del animismo, o el creer en seres espirituales, que hubieran surgido en contextos de experiencias de *sueños y muerte*. Según él, una dicotomía entre cuerpo y alma era percibida en los sueños y proyectada hacia la muerte, postulando la supervivencia del espíritu tras la destrucción del cuerpo. Esta creencia en la existencia del alma fue extendida también a los animales y luego a los árboles, a las plantas y a los objetos mismos.

En su obra Taylor examina el destino de las almas en diferentes situaciones, el viaje del espíritu hasta la tierra de los muertos y las características de aquel lugar y el protagonismo de los antepasados en la sociedades primitivas, llegando a definir la concepción de los rituales religiosos como actuaciones expresivas y simbólicas en relación con y con la influencia de los seres espirituales.

Los demás investigadores, sobre todo etnólogos y antropólogos, a lo largo de las últimas décadas del siglo XIX, intentaron definir la relación entre el mundo de los vivos y el mundo de los muertos.

Frazer sostenía que todos los rituales funerarios estaban motivados por el miedo a las almas de los muertos y eran vistos como intentos por parte de los vivos para controlar las acciones de los espíritus de los antepasados, mientras que Robert Smith afirmó que en el estudio de la religión antigua no tenemos que empezar por el mito, más bien por el ritual y los hábitos tradicionales.

El mismo Juhn Lubbock investigó con atención las prácticas funerarias. De acuerdo con las ideas de Tylor sobre los sueños como origen de la creencia religiosa y de la inmortalidad del alma, la existencia después de la muerte y de la deposición de los ajuares funerarios, presentó la idea de la intencionalidad de la fragmentación y de la matanza simbólica (*"simbolic killing"*) de los artefactos en los ajuares funerarios como ritual para permitir al alma presente en los objetos viajar con el propietario fallecido en el más allá.

Esta matanza simbólica es una práctica común en determinados contextos arqueológicos; en la Península Ibérica, como en otros lugares de Europa, hay casos en la Edad del Hierro, sobre todo en contextos celtíberos. Durante las prácticas funerarias se "matan", se rompen, los objetos ofrecidos al fallecido, como por ejemplo recipientes cerámicos, hechos pedazos y depuestos con el muerto en la sepultura o arrojados en la fosa con el fin de romperlos. En el caso de las espadas, se rompen las lamas o se doblan. Dependiendo del contexto, varían los significados de la *"simbolic killing"*. Es posible, sobre todo en el caso de las espadas, que la ruptura del arma se pueda explicar con el hecho de hacer simplemente inservible el objeto tras la muerte de su dueño, tal vez como intento para evitar una excesiva acumulación de bienes por parte de la familia del difunto. Los mismos cadáveres pueden sufrir un desmembramiento ritual durante las prácticas funerarias atestiguado en diferentes sociedades prehistóricas, como por ejemplo en el caso de las comunidades de la Edad del Bronce (periodo tardío y final, últimos siglos del II milenio a. C.) en la Meseta Norte española.

El descubrimiento de una nueva antigua civilización

Con el cuento *Dagon*, escrito en el julio de 1917, nos hallamos en plena creación "fanta-arqueológica". En este cuento el autor nos proporciona explícitas referencias a la arqueología, a la antropología, a la etnografía y a la geología, además de ofrecernos un análisis artístico de las obras escultóricas dagonianas.

Con *Dagon* presenciamos, como lectores, la formación y el descubrimiento de una nueva civilización parecidos, bajo el punto de vista narrativo, al descubrimiento de las "antiguas civilizaciones reales", como la civilización Maya en el corazón de la selva de Yucatán o la del Antiguo Egipto, sepultadas durante siglos bajo las arenas del desierto y los pantanos del delta del Nilo; o tal vez sería mejor hacer un parangón entre la civilización de Dagon y una civilización "muda", de las que todavía no sabemos leer su escritura (seríamos nosotros sordos), como por ejemplo la civilización del Valle del Indo.

Lovecraft nos lleva a uno de los rincones del planeta menos conocido, en su tiempo, por los geógrafos y por los arqueólogos: el océano Pacífico (véase cap. 3). El protagonista del cuento afirma haber navegado en una de las zonas mas abiertas y menos frecuentadas del Pacífico. Probablemente esto era uno de los últimos lugares del planeta a disposición para descubrir una nueva antigua civilización.

"It was in one of the most open and least frequented parts of the broad Pacific".

El protagonista descubre esta apestante, repugnante civilización marina crustácea en un desierto de barro, al principio maloliente y pantanoso y luego duro y seco pero siempre abominable, una masa asquerosa de barro negro que se extiende hasta donde la vista pueda alcanzar, un desierto de silencio absoluto e inmensidad sin límites...

"The region was putrid with the carcasses of decaying fish, and of other less describable things which I saw protruding from the nasty mud of the unending plain. Perhaps I should not hope to convey in mere words the unutterable hideousness that can dwell in absolute silence and barren immensity".

Este es el lugar, el suelo, que oculta una antiquísima civilización, no muerta, sino que espera, lista para manifestarse con toda su fuerza. El lugar nos recuerda a otra famosa descripción de un paisaje de dolor, ahí donde debía de surgir la nueva civilización del mal, donde debían de vivir las legiones de Satanás. Así Milton en el libro primero del *Paraíso Perdido* describe el territorio que acoge el Enemigo: "*él observa aquel triste, terrorífico e inhóspito lugar, una mazmorra rodeada de llamas como una gran hoguera, aún así sin luz desde aquellas llamas, con una oscuridad transparente, unas tinieblas a través de las cuales se atisbaban visiones de dolor, regiones de penas y sombras de lamento, y donde nunca habrá paz y descanso, y donde sólo una tortura sin fin urge y un diluvio de fuego cebado de azufre siempre ardiente, nunca consumido...*"[16]

Ambos son lugares que sólo pueden hospedar presencias aberrantes, fuerzas cósmicas negativas y seres que sucumben y rezan a estas entidades.

Lovecraft, como explica él mismo al lector a través de los pensamientos del protagonista del cuento, tiene una teoría *científica* en que elucidar las causas que llevaron a la formación geológica de este paisaje: a causa de un fenómeno vulcánico de enormes proporciones una parte del fondo oceánico debe de haber emergido del mar, dejando expuestas regiones que se había

---

16 "*...he views/ the dismal situation waste and wild/ a dungeon horrible, on all sides round/ as one great furnace flamed, yet from those flames/ no light, but rather darkness visible/ served only to discover sights of woe,/ regions of sorrow, doleful shades, where peace/ and rest can never dwell, hope never comes/ that comes at all; but torture without end/ still urges, and a fiery deluge, fed/ with ever-burning sulphur unconsumed...*" (Milton, 1990).

quedado ocultas por miliones de años bajo una desmesurada cantidad de agua...

> *"Through some unprecedented volcanic upheaval, a portion of the ocean floor must have been thrown to the surface, exposing regions which for innumerable millions of years had lain hidden under unfathomable watery depths".*

Un fenómeno volcánico (y sísmico) que tiene una precisa causa científicamente demostrable, saca a la luz este paisaje, expone un paleo-suelo rico en informaciones arqueológicas, un mundo aún por descubrir e investigar si se tiene la fuerza de no volverse loco. Es como si acontecimientos telúricos hubiesen expuesto la infernal y subterránea ciudad dantesca de Dite; lugar de dolor y de pérdida de toda esperanza, que sólo Dante y Virgilio pueden visitar porque ellos también, como Lovecraft y el mismo protagonista del cuento, se hallan en un particular estado espiritual y corporal.

Los fenómenos geológicos juegan entonces un papel fundamental en el descubrimiento de la civilización de las antiguas entidades creadas por el escritor de Providence, sufrieron unos fenómenos geológicos parecidos a la formación del Valle del Rift, en la África oriental, donde suelos antiguos de millones de años, junto con los restos óseos de nuestros más remotos antepasados, están hoy expuestos a la luz del sol, listos para ser recuperados. Si hablamos además de erupciones volcánicas repentinas, no podemos olvidar la importancia que tuvieron la lava y las cenizas de la erupción del Vesubio en la sepultura de las ciudades romanas de Pompeya y Herculano. La Tierra expone y oculta al azar las acciones de los hombres (en los casos reales) y las acciones de seres no-humanos y aberrantes divinidades (como en el caso de la narrativa lovecraftiana).

La dimensión arqueológica del cuento *Dagon* nos parece formidable. Aquí se descubre por primera vez un obelisco en piedra que daba la sensación, según las palabras de Lovecraft, de haber sido construido y tal vez adorado. El descubridor se declara aturdido y asustado, pero a la vez emocionado por el deleite del descubrimiento arqueológico...

> *"Dazed and frightened, yet not without a certain thrill of the scientist's or archaeologist's delight, I examined my surroundings more closely".*

Esta emoción se puede explicar sólo con el deleite que tiene la mente investigadora en el momento del hallazgo del objeto buscado o del objeto maravilloso. El protagonista de esta aventura se halla por causalidad en aquel lugar, estaba de hecho navegando en solitario por el océano pacífico, pero encuentra, y disfruta cuando lo reconoce, el obelisco tal vez adorado por criaturas inteligentes...

> *"...had known the workmanship and perhaps the worship of living and thinking creatures".*

Este primer "resto arqueológico" hallado y analizado de la que será definida como la civilización de los "Dioses primigenios" (*The Great Old Ones*) tiene un aire, diríamos, egipcio, de hecho se trata de un monolito ciclópico decorado por las que se pueden reconocer como inscripciones y bastas esculturas.

La escritura de basa en un sistema de jeroglíficos que el protagonista no sabe descifrar; probablemente hubiera sido demasiado para su pobre mente humana poder llegar a leer aquellos grabados. A pesar de que el protagonista no sabe leer esta escritura, esta especie de jeroglífico, describe su forma: son símbolos acuáticos como peces, anguilas, pulpos, crustáceos, moluscos, ballenas y algún animal marino desconocido, aunque representados como carcasas podridas en la llanura maldita alrededor del obelisco.

Un deslumbrante jeroglífico compuesto por símbolos, ideogramas o pictográmas (no conocemos la exacta naturaleza de esta escritura). Si pudiéramos leer su mensaje oculto tendríamos la clave para conocer la *historia* de las criaturas inteligentes que los grabaron. Faltando una piedra de Roseta que nos permita el descifre del texto, sólo nos queda el análisis estilístico de estos jeroglíficos, de las estatuas que decoran el monumento y del monolito mismo...

> *"The writing was in a system of hieroglyphics unknown to me, and unlike anything I had ever seen in books; consisting for the most part of conventionalised aquatic symbols such as fishes, eels, octopi, crustaceans, molluscs, whales, and the like. Several characters obviously represented marine things which are unknown to the modern world, but whose decomposing forms I had observed on the ocean-risen plain".*

El protagonista define estos símbolos como una escritura, un sistema de jeroglíficos que consiste en símbolos que siguen una norma, algo diferente, pues, de los demás grabados que decoran el monolito: los bajorrelieves. Estos jeroglíficos aparecen como un sistema, un conjunto gráfico que presenta probablemente un orden y unas repeticiones internas, debidas al hecho de que el soporte es un monolito, un objeto que quizás fue adorado, quizás religioso. ¿Son formulas mágicas? ¿Rezos? ¿Invocaciones? Los símbolos siguen un orden, una lógica ("...*conventionalized aquatic symbol...*") posible señal de una codificación anterior. Si así fuera, estaríamos delante de un sistema de escritura evolucionado, que ya ha alcanzado tal nivel de codificación gráfica y de organización para ser perfectamente distinguible entre otros signos o esculturas. Si analizamos estas últimas, las esculturas que formaban el conjunto de los bajorrelieves, nos damos cuenta de que son imágenes que reflejan la antigua civilización dagoniana y que nos hablan mejor que la escritura presente sobre el obelisco. Según las palabras de su descubridor, los escultores quisieron representar hombres, o una especie particular de estos, que nadan como peces en la profundidad de cuevas marinas y que rezan delante un altar sumergido. En un primer momento estas figuras parecen humanas, pero, si fijáramos mejor nuestra atención, podríamos darnos cuenta de que poseen manos y pies palmados, labios enormes y blandos, ojos vidrios y sobresalientes y aún más rasgos aberrantes. Ademas tenían proporciones descomunales dado que una de estas criaturas estaba representada en el acto de matar una ballena que era poco más grande que aquella.

Tan explícitos son estos bajorrelieves que su descubridor decide que debe de tratarse de representaciones de unos dioses fantásticos de un pueblo primitivo de pescadores y marinos, y nos ofrece hasta una datación absoluta, aunque no muy precisa, dado que afirma que los últimos descendientes de este pueblo primitivo debían de estar muertos millones de años antes que naciera el antepasado del Hombre de Neanderthal o de Piltdown.

> *"I remarked, as I say, their grotesqueness and strange size, but in a moment decided that they were merely the imaginary gods of some primitive fishing or seafaring tribe; some tribe whose last descendant had perished eras before the first ancestor of the Piltdown or Neanderthal Man was born".*

Lovecraft acepta sin pesteñar, y parece que con convinción, el descubrimiento del "Hombre de Piltdown", que debe su nombre al pueblo donde fue hallado, en el sur de Inglaterra. Se demostró, unos cuantos años despues de la muerte del mismo Lovecraft, que este hallazgo había sido un fraude (véase cap. 3), paradojicamente, diríamos hoy, tan falso y surrealista como el pueblo primitivo de pescadores y marinos que adoraban la civilización desaparecida descrita por el mismo Lovecraft.

¡Por fin... una excavación!

Finalmente presenciamos la excavación de una necrópolis, aunque, de hecho, el trabajo se reduce al desentierro de una singular tumba. El cuento es *La declaración de Randolph Carter*, escrito en el diciembre de 1919.

Los dos protagonistas, Randolph y Harley, quieren descubrir qué es lo que está por debajo de la tumba de la necrópolis de Big Cypress. En la base de la investigación está una teoría de Harley: algunos cuerpos no se descomponen, sino que resisten duros y gordos en sus tumbas a lo largo de miles de años...

> "...his theory, why certain corpses never decay, but rest firm and fat in their tombs for a thousand years".

Hecho verdadero, algunos cuerpos resisten miles de años en sus tumbas, aunque con muy poca grasa. En específicas ocasiones, gracias a condiciones ambientales especiales, como un ambiente anaeróbico (restos sumergidos en el agua o en el hielo) o un ambiente muy seco (como un desierto) la materia orgánica se conserva muy bien, también a lo largo de milenios. En la arqueología real, tenemos como ejemplos el "Hombre de Similaun"[17], el cuerpo bien conservado de un hombre de la Edad del Cobre hallado hace unos años en los Alpes italianos, cerca de la frontera con Austria, o de las "momias de Llillaillaco" muy bien conservadas por el clima frío, descubiertas en las cumbres de los Andes entre Argentina y Chile, o los cuerpos hallados en Pazyryk, en las montañas del Altai, en el Asia central (que hasta conservaban en su piel unos asombrosos tatuajes antiguos de un par de milenios)[18].

Aún más parecido al pantano de Big Cypress es el ambiente de las ciénagas del norte de Europa (Alemania, Danimarca, Irlanda...) donde fueron hallados cuerpos casi perfectamente conservados, cadáveres de hombres y mujeres de la Edad del Hierro todavía con pelo, huellas del traje, zapatos... Tan buena fue la conservación de los restos que los investigadores tienen en sus manos una imagen (como si de una fotografía se tratase), casi perfecta de la gente que vivía (o moría) en aquellos lugares cerca de hace dos mil años[19]. Tiene razón entonces Harley en confiar en su teoría.

Imaginamos la emoción de los dos excavadores (aunque no podemos hablar de verdaderos arqueólogos) en el acto de hallarse en una necrópolis,

---
17 http://www.archaeologiemuseum.it/index_f.html
18 http://www.camdipsalta.gov.ar/INFSALTA/ARQUEO/M1.htm, http://www.pbs.org/wgbh/nova/bog/ y http://www.archaeology.org/online/features/bog/
19 http://www.pbs.org/wgbh/nova/bog/ (con enlaces y e bilbiografía) y http://www.archaeology.org/online/features/bog/ (con enlaces y bilbiografía).

tan antigua "que las huellas del tiempo daban miedo", todavía intacta, nunca excavada. De hecho Harley Warren tiene la sensación de que él y su compañero eran los primeros seres vivos en invadir un macabro silencio que duraba desde hacía siglos..."[20]

> "...Warren and I were the first living creatures to invade a lethal silence of centuries".

La necrópolis, bajo el punto de vista topográfico es bastante compleja, presentando elementos sepulcrales de diferentes tipologías, como estelas, urnas, cenotafios y mausoleos. Los dos excavadores tienen claro el plan de la excavación y como deberá ser llevada a cabo: proceden derechos hasta una tumba. Los dos protagonistan excavan entonces para buscar una respuesta a una pregunta, con la observación en el campo, y la teoría de Harley según la cual algunos cuerpos no se descomponen, sino que perduran duros y gordos a lo largo de varios milenios. Lo que parece no estar a la altura de la misión arqueológica son los utensilios utilizados por los dos excavadores, que llegan al yacimiento con un pesado envoltorio (nos imaginamos un gran macuto de tela) con dos linternas eléctricas, dos palas y un teléfono portatil[21].

A Lovecraft les gusta la dimensión arqueológica y antropológica de su propia narrativa. Al principio del cuento *Arthur Jermin*, de 1920, describiendo la genealogía de la familia del protagonista, Lovecraft afirma que él *"tenía el conocimiento en la sangre"*, de hecho, el tatarabuelo era antropólogo, mientras otro antepasado suyo fue explorador en Africa, autor de unas descripciones de tribus, animales y antigüedades del continente africano, famoso por haber hecho unas *"extrañas conjeturas sobre una civilización prehistórica blanca en el Congo"*...

> "...bizarre conjectures on a prehistoric white Congolese civilisation".

El mismo Arthur era investigador y poeta. La sabiduría es sinónimo de conocimiento antropológico, arqueológico y de experiencia en el campo, conocimiento obtenido a través de las expediciones en búsqueda de antigüedades prehistóricas y entre la diversidad etnográfica. El antepasado de Arthur, Sir Wade, presumía de lo que había encontrado en la selva y del tiempo pasado entre ruinas desconocidas para los demas...

---

20 Esta sensación es muy poco común en la arqueología real, donde resulta bastante difícil poder excavar una necrópolis intacta debido a la presencia de los saqueadores de tumbas que siempre, desde la antigüedad, han merodeado entre sepulturas en búsqueda de tesoros.

21 Tres años después de la publicación de este cuento, el 4 de noviembre de 1922, Carter descubriría la tumba KV62, en el Valle de los Reyes, en Egipto: la tumba del faraón Tutankhamon.

"...he had dwelt among terrible ruins known only to him".

El anciano Sir Wade se alababa de sus descubrimientos, de haber sido el primer occidental en haber investigado aquellas ruinas: se trataba de enormes columnas, húmedos y silenciosos jardines de piedra, cuevas y catacumbas, fantásticos bajorrelieves. El estudio de aquella civilización llevó a Sir Wade a escribir los *Comentarios sobre varias regiones de África* (*Observatio on the Several Parts of Africa*).

El nieto de Sir Wade era Robert Jermin, erudito e investigador, alto, rubio y viril, según las palabras de Lovecraft. Fue el primero en catalogar científicamente la vasta colección africana del abuelo. Un enorme trabajo de catalogación etnográfica y arqueológica, visto el considerable tamaño de la colección privada de los Jermin, la misma colección que dio fama a la familia.

Arthur decide seguir las investigaciones etnográficas y arqueológicas, y con este fin utiliza la maravillosa y extraña colección de su familia. Él fantaseaba sobre la civilización prehistórica que se hallaba detrás de aquellos excepcionales hallazgos traídos desde África. Aunque, como nos dice Lovecraft, Arthur tenía una actitud más bien poética que científica. Encontramos a nuestro protagonista, como digno representante de tal familia, fantaseando sobre civilizaciones prehistóricas, actitud del espíritu común a la mayoría de los jóvenes arqueólogos que se hallan delante de una colección arqueológica.

Seguimos, pues, excavando y reconstruyendo la sucesión estratigráfica del depósito narrativo de Lovecraft. Durante marzo de 1921, el escritor de Providence escribe *El pantano de la Luna* (*The Moon bog*). El cuento no nos parece de los mejores bajo el punto de vista literario, sin embargo nos parece muy interesante bajo la perspectiva arqueológica, la que ahora nos interesa. Lamentablemente el horror se manifiesta demasiado pronto, antes de poder tener la descripción de la excavación del pantano por mano del protagonista.

Danys Barry quiere descubrir la historia de unas ruinas blancas que se hallan en un islote en el medio de un pantano en una finca propiedad de su familia. Él intuye que se trata de antiquísimas ruinas, tando por el estado de total abandono, como porque son *"muy diferentes de las que se suelen encontrar en Irlanda"*. Desgraciadamente las condiciones de estas ruinas son tan desastrosas que resulta imposible un análisis arquitectónico y artístico o una reconstrucción de su forma originaria. Danys entonces organiza una excavación arqueológica, interesado personalmente en todo lo que tenía a que ver con las antigüedades y propone la atenta exploración del fondo del pantano...

"He had, however, a great interest in antiquities, and proposed to explore the bog thoroughly when it was drained".

La excavación tiene como objetivo la definición de la historia de las ruinas, a través del análisis del fondo del pantano, y la demostración o la confutación de una leyenda: se rumoreaba que en la zona estaba sepultada una ciudad griega.

Ademas del planteamiento teórico, Denys Berry tiene una plan de excavación práctico, de hecho, cuando el narrador coprotagonista alcanza una tarde al mismo Denys en la biblioteca del pueblo, le encuentra doblado encima de los planos del importante trabajo que habría tenido comienzo el día después, es decir, la excavación del pantano.

El área de la excavación resulta bastante amplia, de modo que nuestro director de excavación emplea unos obreros llegados desde el norte, evidentemente porque la mano de obra local es demasiado supersticiosa y no quiere tomar parte en la excavación:

"Now the work of drainage was ready to begin, and the laborers from the North were soon to strip the forbidden bog of its green moss and red heather, and kill the tiny shell-paved streamlets and quiet blue pools fringed with rushes".

"Las tareas de drenaje estaban a punto de comenzar y los obreros del norte estaban empezando a quitar la cubierta de musgo verde y erica roja. Después tendrán que secar los charcos rodeados por las cañas y los pequeños arroyos secundarios": así empezó la escavación del pantano de la Luna.

El narrador coprotagonista del cuento tenía el fuerte deseo de descubrir los secretos ocultos en el fondo del pantano, aunque, a causa de una ignota razón, temía la idea de molestar al antiguo pantano y los secretos ahí guardados. Queremos destacar otro aspecto: el mismo narrador coprotagonista, mientras que Denys organiza la excavación, sueña, prevé el resultado, lo imagina y llega a hacerse una idea en su mente de cómo debían haber estado la ruinas en la antigüedad. Lamentablemente el pandemonio se desata antes que se llegue a la conclusión de la excavación.

Un cuento muy bien logrado bajo el punto de vista literario y centrado en la temática arqueológica, sobre todo en el incipit, nos parece *Las ratas en las paredes* (*The rats in the wall*) escrito entre agosto y septiembre de 1923.

Estrato 1. Ecos de un pasado prehistórico - 33

Por fin tenemos un arqueólogo de verdad, Sir Willian Brinton, y lo que podríamos llamar, un equipo multidisciplinar. Toman parte en las investigaciones de los cimientos prehistóricos del castillo de la familia del protagonista, entre cuyos muros merodean las ratas del título del cuento. Hay, además del protagonista y de un amigo suyo, el capitan Norris, un arqueólogo profesional (Sir Brinton) con un *curriculum vitae* muy prestigioso ("*sus excavaciones en Troya provocaron sensación en todo el mundo*"), el Doctor Task, antropólogo y (¡cómo no!) un investigador de lo oculto.

El protagonista viaja expresamente a Londres con el objetivo de formar este equipo, para juntar un grupo de arqueólogos y hombres de ciencia capacitados para resolver el misterio...

"By morning we had compromised, and decided to go to London to gather a group of archaeologists and scientific men fit to cope with the mystery".

Utilizó un equipo multidisciplinar, aunque el investigador de lo oculto nos parece un poco fuera de lugar (pero estamos delante de un horroroso misterio...). El arqueólogo parece muy contemporaneo, como reza cualquier manual de excavación arqueológica, tiene que estar apoyado en el campo, durante la excavación, por otros investigadores especialistas en áreas de conocimiento cercanas a la arqueología, como geólogos, palinólogos, tafónomos...

Queremos subrayar (no sin una pizca de presunción profesional) que el más valiente, siguiendo la narración del protagonista de la aventura, es justamente el arqueólogo, Sir William Brinton, quien solo, entre los siete hombres que formaban el equipo, ha contendo su compostura; algo aún más notable considerando que él, guiando al equipo, había visto aquella cosa primero...

"Of seven cultivated men, only Sir William Brinton retained his composure, a thing the more to his credit because he led the party and must have seen the sight first".

Además él es el único que, examinando las paredes de la mazmorra que el equipo estaba investigando en los cimientos del castillo, descubre que, juzgando por la dirección de los golpes de pico, el pasillo entre las rocas debía de haber sido excavado desde abajo para arriba.

Este tal William Brinton debía de ser un arqueólogo extraordinario, un "duro" de las excavaciones, con una vista excepcional, atento a la más mínima observación también en los momentos de alta tensión. En fin, nos gustaría tenerlo como director de excavación. Es un verdadero arqueólogo, un investigador de campo, es quien consigue darse cuenta de la dirección de los golpes de pico gracias a las huellas en la roca, es un hombre forjado en las excavaciones; su *currículum*, de hecho, es de los más llamativos: ha excavado en el área de Troya, ha endurecido sus nervios entre los estratos de la ciudad de Ilión y el campo de batalla de los Aqueos. Aun así nos habríamos esperado una organización de la excavación mejor por parte de Sir Brinton: el grupo se presenta sólo con linternas y utensilios para excavar.

Tambien en el lugar donde se desarrolla la aventura nos parece extramadamente interesante: es un yacimiento con una enorme continuidad de asentamiento y presenta un corte estratigráfico que desde las reformas de la edad moderna del castillo llega hasta la prehistoria a través de la época medieval, sajona, romana, céltica (o "druídica" según las palabras del protagonista), de la Edad del Bronce, de la época neolítica (*"...o pre-druídica contemporánea a Stonehenge"*)...

> *"I deduced that Exham Priory stood on the site of a prehistoric temple; a Druidical or ante-Druidical thing which must have been contemporary with Stonehenge"*.

...pasando a través del Paleolítico Superior...

> *"Many were of higher grade, and a very few were the skulls of supremely and sensitively developed types"*.

...con la presencia de *"calaveras de individuos con una plena y desarrollada sensibilidad"* (hoy en día diríamos, craneos con un volumen cerebral parecido al nuestro, es decir, cráneo de Homo Sapiens)... y llegando hasta el Paleolítico Inferior y más allá, restos óseos de seres humanos "que se hallaban aún más por debajo del Hombre de Piltdown en la escala de la evolución...

> *"...They were mostly lower than the Piltdown man in the scale of evolution, but in every case definitely human"*.

Otra vez este Hombre de Piltdown.

Podríamos decir que hay un poco de todo ahí abajo. En los cimientos medievales de la mansión de la familia de los *De la Poer* encontramos inscripciones romanas, *"un extraño conjunto de túmulos, un círculo salvaje de monolitos, una ruina romana, restos de los sajones y un edificio inglés de madera..."*

> *"...a weird pattern of tumuli, a savage circle of monoliths, a low-domed Roman ruin, a sprawling Saxon pile, and an early English edifice of wood".*

Un extraño conjunto de túmulos: podría ser la imagen evocativa de los túmulos de la zona de Stonehenge, los túmulos del Wessex, o los túmulos americanos, del tipo de Serpent Mound, en forma de serpiente.

El Doctor Task, como describe Lovecraft, había destapado, abierto, uno de estos túmulos. Tal vez Lovecraft está haciendo referencia a otro tipo de construcción prehistórica, una cist, una cista, un tipo de enterramiento, a menudo bajo un tumulo de tierra o de piedras, que consiste en cuatro losas laterales y una quinta que hace de cubierta.

Entre estos túmulos hay un *"salvaje círculo de monolitos"*.

"...a savage circle of monoliths".

Posiblemente un *"cromlech"*. No parece asemejarse a Stonehenge, éste formado por trilitos y aquel por monolitos, por piedras hincadas o standing stones (en la terminología inglesa); la imagen podría entonces ser parecida a la del "cirulo de Callanish", un monumento que se halla en Escocia, pero en la versión de los nativos americanos, es decir, salavaje, según la percepción "civilizada" de Lovecraft, un hombre blanco del New England (véase cap. 4).

LLegados a este punto, despues haber bajado en tal mazmorra prehistórica los hombres liderados por Sir Brinton no se echarán atrás, sino que afrontarán el peligro abismal para satisfacer su pasión por la aventura.

El tema de los instrumentos y utensilios, usado por los personajes creados por Lovecraft en las excavaciones, es uno de los puntos más débiles en la reconstrucción literaria de las aventuras imaginadas por el "solitario de Providence", por lo menos hasta los cuentos de los años '30. Nos referimos a aquella crónica escasez, o descuido de medios materiales que siempre acompaña el abundante espíritu de aventura de los personajes. Las excavaciones siempre son llevadas a cabo con picos y casi siempre los arqueólogos lovecraftianos trabajan de noche, con unas cuantas linternas.

En marzo de 1884 (Lovecraft nace en 1890), Schliemann comienza sus excavaciones en Tirinto: "*...había traído conmigo desde Atenas los utensilios* y los instrumentos necesarios: 40 excelentes carretillas inglesas con ruedas de hierro; 20 grandes palancas de hierro; 2 pequeños cabestrantes y uno de gran tamaño; 50 grandes palas de hierro; 50 picos; 25 grandes azadas..."[22].

Casi un siglo después, el arqueólogo profesional A. Carandini, hace una lista de los utensilios necesarios para poder llevar a cabo una excavación arqueológica: *"piquetes, mazo, astas metálicas, cuerdas, clavos de albañil, hoces, rastrillos, tijeras, mazas, picos, palas triangulares y cuadradas, azadas... paletines, ganchos, cuchillos, palas para el carbón, cubos, cepillos, brochas y escobillas... clavos, etiquetas, rotuladores, cribas... sierras, martillos, pinzas, tenazas... cajas, bolsos de plástico y bolsas para los hallazgos... carretillas, cabestrantes, palancas, tablas, mesas..."* y el catálogo podría seguir...

Aunque el desarrollo de la tecnología en el siglo XX no ha cambiado tan profundamente las técnicas de excavación arqueológica como se hubiera podido esperar, no sólo los utensilios necesarios son mucho más variados y complejos que "tres picos y una linterna de gas", sino que también la organización, los movimientos de los excavadores y los movimientos mismos del cuerpo del arqueólogo no se pueden reducir a un simple "cavar la tierra" o "buscar tesoros", a lo que lamentablemente, hoy en día mucha gente reduce el trabajo del arqueólogo. El "Testigo de la pala" por el título de un famoso libro de divulgación arqueológica de los años '60, fue la frase que se convirtió en sinónimo de arqueología, pero, como también advertía Barker, la pala no es el único utensilio utilizado en una excavación arqueológica, y su relativo uso, junto con el pico, depende muchas veces de la tipología del yacimiento y la profundidad del depósito.

El utensilio fundamental en una excavación arqueológica es la paletilla, la más famosa es la de tipo inglés (la *trowel*), con forma de rombo, mango de madera, pequeña, puntiaguda, simple de manejar y que permite quitar pequeñas porciones de tierra, definir superficies de estratos, límites de manchas de color en el suelo y limpiar paredes entrando en los pequeños espacios entre los ladrillos y las piedras...

Es cierto que se hace necesario también del uso del pico (además de la pala), herramienta fundamental para acabar con trabajos pesados como, separar y mover grandes piedras, quitar gruesos estratos de tierra, crear perfiles, y tal vez, para tareas más delicadas, como la retirada rápida de sutiles estratos de tierra, pero en este caso es necesaria una técnica un poco diferente, utilizando una mano en posición más avanzada, cogiendo el mango casi a la

---

22   Schliemann 1997, p. 249.

altura de la punta del pico, y sin descargar la fuerza del peso del cuerpo sobre el utensilio.

Como sostiene G. Barker, podemos afirmar que el General Pitt-Rivers era un precursor de las técnicas arqueológicas al final del siglo XIX, pero es cierto que la lección implícita en su trabajo no fue plenamente apreciada hasta muchos años después. No hay que sorprenderse entonces de que el público no tuviese las ideas muy claras, a principios del siglo XX, sobre el desarrollo práctico de una excavación arqueológica y las técnicas en ella empleadas.

De todas formas, la arqueología de la segunda mitad del siglo XIX, como subraya el arqueólogo A. Guidi, puede presumir de *"un gran desarrollo de métodos e investigaciones profesionales"*[23].

Sobre la base de sus investigaciones en Dinamarca, Worsaae formula el principio según el cual, en las sepulturas, los objetos que acompañan el fallecido fueron, en mayoría, usados en el mismo periodo, observación que está en la base del método de las asociaciones tumbales, utilizado para la datación cruzada de las diferentes culturas arqueológicas prehistóricas.

Vedel elabora, siempre en Dinamarca, el método de la estratigrafía horizontal en la excavación de la necrópolis de la Edad del Hierro de Kannikegaard, efectuada entre 1869 y 1876, mientras que su colega Engelhardt utilizaba, por primera vez, en 1860, la fotografía en una excavación prehistórica.

En el mismo periodo se empezó a desarrollar, aunque de forma embrional, la Arqueología experimental, con los intentos de Lubbock y de Nilson de reproducción de utensilios tallados de sílex de época paleolítica, mientras que Sehested reconstruía una cabaña de madera utilizando hachas de piedra. También en estas décadas se desarrollan las primeras excavaciones subacuáticas para la investigación de los asentamientos de palafitos en Suiza y los primeros análisis sobre las semillas halladas en aquellos contextos. Entre 1876 y 1881 el geólogo inglés Geikie proponía la identificación, a lo largo del Pleistoceno, de cuatro glaciaciones mayores y una menor, mientras que ya en 1844 Middleton elaboró un sistema de datación basado en la relación flúor-calcio presente en los huesos tras su sepultura[24].

Hasta la Primera Guerra Mundial, sólo Harold St. Gorge Gray, está a la altura, en Inglaterra, del General Pitt-Rivers e incluso sus fotografías están entre las mejores hasta hoy en día. Lamentablemente el público de su tiempo

---
23 Guidi 1988, p. 23.
24 Guidi 1988, p. 24.

no pudo conocer su obra arqueológica y fotográfica, pues la publicación de sus excavaciones a Mambury Rings salió a la luz en 1976.

Siempre en Inglaterra, J. P. Drop publicó, en 1915, un libro con el título *Archaeological Excavation*, "excavaciones arqueológicas", revelando, como sugiere Barker, una casi completa incomprensión de los principios de la estratigrafía, de las normas que hay que seguir en la documentación de un yacimiento, además haciendo ironía sobre el rol de la mujer en la arqueología. ¡Estamos lejos de la profesionalidad y más cerca de la fantasía de la narrativa de Lovecraft! Una evidente mejoría, antes de la llegada a escena de Sir Mortimer Wheeler, la habrá sólo a finales de los años '20, con Hatt y su excavación en Tolstrup, en Himmerland, Dinamarca.

Catarsis y emoción: el descubrimiento de edades antiguas

Hemos visto más arriba como el panorama general de las técnicas arqueológicas a finales del siglo XIX no es muy vanguardista, a parte de la existencia de casos particulares, pero el público del planeta ya ha visto traer a la luz impresionantes hallazgos arqueológicos.

El cuento *He* es de 1925. Podríamos afirmar que la investigación del pasado y el estudio de la prehistoria son momentos casi catárticos (de purificación, liberación). El protagonista de esta aventura afirma que durante unos espantosos días pasados en Nueva York, la investigación de lo que es antiguo, de la belleza, del misterio, era todo lo que mantenía con vida su alma...

"...for in those dreary days my quest for antique beauty and mystery was all that I had to keep my soul alive".

Lovecraft expone, en esta frase, tres de los aspectos de la investigación arqueológica; búsqueda de lo que es antiguo, la "belleza" del pasado (aunque el concepto de belleza sea muy subjetivo), y el desciframiento de "misterios" del pasado (o sería mejor dicho "la solución de problemáticas relacionadas con el desarrollo de comunidades del pasado y/o antiguas civilizaciones").

No es nada fácil alcanzar la meta y el camino que hay que recorrer (es decir, la investigación), resulta muy ajetreado e intrincado: *"atravesamos de puntillas tortuosos pasillos, escalamos paredes de ladrillos. Una vez tuvimos que arrastrarnos a gatas a través de un pasaje muy bajo de piedras, arqueado, tan largo y con tantas tortuosas vueltas que perdimos la orientación..."*

> *"…as we squeezed through interstices, tiptoed through corridors clambered over brick walls, and once crawled on hands and knees through a low, arched passage of stone whose immense length and tortuous twistings effaced at last every hint of geographical location I had managed to preserve".*

Pero, una vez empezada la investigación, la búsqueda, si se llega a la meta, los resultados pueden contemplar cosas antiguas y maravillosas, y es fundamental el estado mental con el cual se contemplan estas antigüedades y estas maravillas, pues la investigación nos cambia a nosotros mismos y hasta nos puede mejorar; se pueden entonces, repitimos, atisbar cosas maravillosas y antiguas... o que así parecen, *"…en la escasa luz"* que las ilumina...

> *"The things we saw were very old and marvelous, or at least they seemed so in the few straggling rays of light by which I viewed them".*

Las emociones que nos presenta Lovecraft, muy a menudo de forma indirecta a través de la narración de los protagonistas de sus cuentos, como superación del miedo y como motivación a la investigación de lo ignoto, del hecho arqueológico, del misterio oculto o subterráneo, como en el caso del cuento *The Mound* (*El túmulo*, o en otras traducciones *El montículo*) escrito en 1928, son emociones fuertes, que nos hacen partícipes a través de la lectura de los incidentes experimentados por otros investigadores de lo ignoto, como arqueólogos, antropólogos o exploradores. En el momento del hallazgo del pequeño cofre que contenía el escrito de Zamacona, sepultado por debajo de los primeros estratos del túmulo (en el cuento *El Túmulo*), el protagonista de esta aventura experimenta la *"suprema emoción de haber encontrado la clave..."*

> *"I had the supreme thrill of fancying that I held a written key to unknown elder worlds and abysses beyond time…".*

Al cruzar el umbral del túmulo para bajar al mundo subterráneo, nuestro protagonista-etnólogo experimenta una felicidad que, por un momento, le permite olvidar el miedo y se prepara para *"una triunfante, solitaria y precipitada invasión del mundo fantástico"* que está a punto de visitar...

> *"…prepared for a triumphant, lone, and utterly rash invasion of the fabulous nether world I had uncovered".*

El hallazgo arqueológico, el descubrimiento de lo que está enterrado, la "invasión" (más bien intelectual que física) de un nuevo mundo provocan alegría, felicidad, éxtasis, es un triunfo, es suprema emoción causada por lo que es real que se confunde con una exuberante fantasía (de la imaginación).

El *incipit* de *En la noche de los tiempos* (*The Shadow out of time*), escrito entre noviembre de 1934 y marzo de 1935 nos parece una de las creaciones literarias "más arqueológicas" del escritor de Providence. El protagonista nos describe el desierto de la Australia occidental y las ruinas y los edificios primordiales e ignotos que su expedición ha intentado investigar aunque, según su sensibilidad, sería mucho mejor dejarlos descansar bajo las arenas.

Lovecraft insiste en la emoción, la excitación como motor del descubrimiento, como estímulo al sondear lugares y épocas aparentemente monstruosas y todavía desconocidas. El protagonista de este cuento, se detiene sólo un momento porque, como él mismo afirma, lo que le sustentaba y empujaba a trabajar, a pesar del miedo, era algo más que la simple curiosidad y el celo científico...

> "It was only for a moment that I hesitated, for more than curiosity and scientific zeal was driving me on and working against my growing fear".

...y a pesar de la simple idea de comenzar una improvisada y solitaria bajada a un abismo tan misterioso parezca la cumbre de la locura, el protagonista se lanza sin duda a la aventura; se encuentra dividido entre el deseo de huir y una mezcla insana de ardiente curiosidad y fatalidad...

> "In retrospect, the barest idea of a sudden, lone descent into such a doubtful abyss - and at a time when one's whereabouts were unknown to any living soul - seems like the utter apex of insanity. Perhaps it was - yet that night I embarked without hesitancy upon such a descent. [...] I was torn betwixt a longing to flee and a feverish mixture of burning curiosity and driving fatality".

De aquel mismo mundo primordial, además de unas ruinas, son testigos otras ciclópicas ruinas megalíticas perdidas en diferentes rincones del planeta o en el fondo del océano. El desierto de la Australia occidental, como algunas otras partes del Océano Pacífico, nos parecen lugares lo bastante alejados de la civilización occidental para ocultar vestigios de tal abrumadora esencia.

El protagonista, en este caso, no es un verdadero arqueólogo, pero, dado su atento trabajo en sacar a la luz leyendas de todo tipo, decide desenterrar las ruinas que afloran desde las arenas del desierto australiano, nombradas además por algunas extrañas leyendas de los aborígenes. Se organiza entonces una expedición arqueológica con un equipo multidisciplinar que cuenta con, además del protagonista (organizador de la expedición), un geólogo, un investigador del departamento de Historia Antigua, un investigador del departamento de Antropología y un psicólogo, hijo del jefe del equipo.

Las premisas son muy buenas: el equipo tiene el soporte de una Institución Universitaria y se declara listo para excavar del modo más atento y científico, cribando cada grano de arena, pero sin tocar nada que parezca estar en su posición originaria (*in situ*, diríamos).

"We were prepared to excavate in the most careful and scientific fashion, sifting every particle of sand, and disturbing nothing which might seem to be in or near its original situation".

Esta vez parece una verdadera expedición arqueológica. La expedición durará cerca de un mes y el equipo tendrá que trabajar sobre un área abierta y bastante amplia, con estructuras arquitectónicas por revelar, símbolos por descifrar, mucha arena por cribar, una estratigrafía compleja y un depósito profundo. Se hará uso también de la fotografía aérea para la interpretación de un área aún más amplia.

El protagonista, aunque no sea arqueólogo, parece capacitado para dirigir la excavación, dado que sabe seleccionar las diferentes áreas donde excavar y donde no merece la pena. Decide, por ejemplo, suspender la excavación del sector Noroeste. Aunque no podemos perdonarle fallos como no haber apuntado en el plano las coordenadas del punto donde encontró un interesante hallazgo que el día después no supo volver a encontrar... Además del hecho de que trabaje muy a menudo por la noche y solo.

Se propone también una datación para este mundo prehumano: ciento cincuenta millones de años. Lamentablemente Lovecraft no nos explica el método utilizado para esta datación, ni siquiera el de la organización interna de la excavación: ¿con qué medios materiales trabajaba el equipo? ¿Cuántos obreros tenían a su disposición? ¿Cómo era de grande el área de la excavación y cómo estaba dividida? ¿Quiénes eran los encargados de los posibles sectores? ¿Quién se encargaba de las planimetrías, quién controlaba la estratigrafía y los dibujos de las secciones? ¿Qué hallazgos se encuentran y, dado que algunos bloques de piedra habían sido movidos de su lugar originario, dónde están? Como muy a menudo ocurre en su narrativa, a Lovecraft no le interesa crear ni tensión en el lector, ni atmósfera en el cuento a través de la descripción de la práctica arqueológica en sí misma. Todo es muy superficial, aunque podemos notar un relativo aumento en la complejidad de la organización de las excavaciones en los últimos cuentos. La atención se concentra enseguida en la monstruosidad y la aberración de los bajorrelieves, en las estructuras ciclópicas, en el misterio contenido en las leyendas de los nativos creadas alrededor de las ruinas, en los presentimientos y las visiones del protagonista y en su merodear solitario y nocturno en el área de la excavación. Es probable que esta aproximación se deba más a la falta de conocimiento del argumento arqueológico por parte de Lovecraft, bajo un punto de vista científico y técnico, que a falta de interés.

A principios del siglo XX, el panorama de la arqueología estratigráfica, es decir, la excavación arqueológica para la comprensión de la formación del depósito antrópico, o sea la comprensión del yacimiento que se está excavando gracias a la interpretación de la sobreposición de los estratos formados por la acción del hombre (excavación científica documentable y controlable en su evolución y desarrollo, muy diferente del simple "cavar la tierra en busca de tesoros"), es bastante decepcionante. Hemos visto más arriba que pocos son los arqueólogos que trabajan con celo científico y con conocimiento del *modus operandi*, entre un mar de aproximaciones poco científicas y de desconocimiento de las técnicas de excavación.

De hecho, según muchos arqueólogos, la mejor arqueología de la primera mitad del siglo XX alcanza la cumbre con Sir Mortimer Wheeler y Katleen Kenyon, cuyos trabajos se concentraron entre los años '30 y '50. Todavía en los años '20 la excavación podía ser llevada al cabo como un desentierro, un simple movimiento de tierra.

Las excavaciones en los años '30 de Wheleer en el yacimiento de Maiden Castle, en Inglaterra, marcaron la diferencia y el arqueólogo inglés fijó el método de excavación que recibió su mismo nombre (el "método Wheleer") y que fue la base de la formación arqueológica de muchas generaciones posteriores.

En la excavación del *oppidum* ("castro") romano-británico de Maiden Castle (1934-37) son definidas y numeradas las unidades estratigráficas (U.E.), las acciones de formación del yacimiento arqueológico, sedimentadas en el subsuelo, permitiendo la reconstrucción topográfica y estratigráfica (cronológica) del yacimiento y permitiendo la certificación de los hallazgos. Además Wheeler, aplica en este yacimiento el sistema de excavación basado en la subdivisión del área de excavación en cuadros, separados entre ellos por testigos, partes de tierra aún por excavar, sobre los cuales fuese posible el control de la secuencia de los estratos quitados en los cuadros.

La documentación de todo el yacimiento resultaba de esta forma mucho más ordenada y la responsabilidad de cada cuadro era dada a un arqueólogo. Este método resultaba cómodo también para los visitantes, dado que éstos, por ejemplo, podían observar la excavación caminando encima de los testigos de tierra.

También en los apuntes de excavación de los años '30, publicados veinte años después por el mismo Leonard Woolley, el descubridor y director de las excavaciones en Ur, una de las más grandes e importantes ciudades de Mesopotamia, se puede detectar una cierta aproximación en las técnicas de excavación. Las excavaciones en Oriente Próximo eran mal llevadas, funcionaban a través la "siembra" de propinas a las autoridades del lugar y era toda una conquista si el arqueólogo se preocupaba de los planos de los edificios, además de los objetos encontrados.

A pesar de todo esto (o tal vez gracias) las emociones creadas por los descubrimientos arqueológicos de principios del siglo XX debían de ser muy fuertes. Como conclusión a este capítulo sobre el protagonismo literario y real de los arqueólogos de hace un siglo queremos intentar desvelar partes de aquellas relaciones entre lo real y lo imaginario, arqueología y literatura, que han hecho famosa la narrativa fantástica de Lovecraft y hacen tan excitante la investigación arqueológica.

En 1922, tras unos trabajos preliminares en Mesopotamia (en Irak) la Universidad de la Pennsylvania y el Museo Británico de Londres deciden organizar juntos unas excavaciones en Ur y encargan a Leonard Woolley la dirección.

> "A mí me encargaron la dirección de esta exploración conjunta y, durante los doce inviernos siguientes, los trabajos de excavación siguieron sin interrupciones. No pudimos explorar toda la ciudad de Ur, pues el área es demasiado amplia y para alcanzar los estratos más bajos debíamos, a menudo, excavar en profundidad. Así que, a pesar del trabajo intenso y de tener el máximo número de hombres compatible con una meticulosa vigilancia, cuando ese número alcanzó las cuatrocientas unidades, sólo una pequeña parte del

área de la ciudad pudo ser perfectamente explorada. Aún así conseguimos obtener una idea lo suficientemente detallada de Ur a lo largo de sus 4.000 años de existencia e hicimos descubrimientos que superaron en mucho nuestras más altas esperanzas. El peligro, de hecho, era que ahora los hallazgos siguiesen con el mismo ritmo y que no nos quedase el tiempo suficiente para conseguir el segundo objetivo fundamental: el estudio y la clasificación de los materiales en vista de los informes aún por publicar".

En la campaña de excavación de 1927-28 fueron descubiertos el rey Meskalamdug y la reina Pu-Abi, mujer del soberano Abarage, ambos sepultados en el Cementerio Real:

"...la más bella es la tumba de Mes-kalam-dug, [...] una tumba común, diferente de las demás del mismo tipo sólo por su riqueza. El primer indicio de lo que habíamos encontrado nos lo brindó la punta de lanza de cobre que sobresalía del suelo; siguiendo su rastro descubríamos que estaba unida a un mango con un asta de oro y bajo ella estaba el largo agujero dejado por la jabalina de madera ya pulverizada, y que acababa en una esquina de la tumba. [...] Cuando quitamos la tierra que rellenaba la tumba nos hallamos frente a una gran sorpresa. El cuerpo yacía en la posición habitual, sobre el lado derecho; alrededor de la pelvis tenía un largo cinturón de plata, en estado de avanzada descomposición y desde éste colgaban una daga de oro y una malla de lapislázuli... Los huesos estaban tan descompuestos que el esqueleto ya no parecía como algo siniestro, pues sólo quedaban unas manchas de color marrón y pulverizadas que indicaban la posición del cuerpo [...]. En otra zona del cementerio, encontramos cinco esqueletos dispuestos uno al lado de otro en una zanja cuesta abajo; a parte de las espadas de cobre que colgaban de la cintura de los muertos y dos o tres cuencos de arcilla, no había ningún objeto de los que suelen estar presentes en una tumba y el hecho de que fueran reunidos todos juntos era, por sí mismo, extraño. Según bajamos más, hallamos un estrato de esterillas y, siguiendo los bordes, llegamos a otro grupo de cuerpos, diez mujeres, esta vez en dos hileras... Siguiendo el pozo, hallamos otros huesos que a primera vista nos dejaron perplejos, pues no eran humanos: después encontramos la explicación..."[25].

---

25   Pettinato 1994.

Estrato 2.
No está muerto quien puede yacer eternamente
(Los sueños, el pasado y la imaginación)

> *"Il fatto che dopo 20.000 anni gli psicodrammi dei cacciatori arcaici abbiano ancora un enorme impatto su di noi, sicuramente fa meditare"*[26].
> (E. Anati "Grafismo e semiotica nell'arte preistorica e tribale", 1999)

Ya hemos evidenciado (cap. 1) el uso del término prehistórico por parte de Lovecraft, en el cuento *The Tomb*, en 1917. Volvemos una vez más a aquel momento: Jervas Dudley, el protagonista, afirma que en los alrededores de la tumba que quería explorar, en el medio de un "mar de vegetación" y envuelto por el olor de la tierra, la mente abandona las coordenadas habituales; tiempo y espacio son secundarios, irreales, y ecos de un olvidado pasado prehistórico golpean con insistencia la conciencia encantada...

> *"In such surroundings the mind loses its perspective; time and space become trivial and unreal, and echoes of a forgotten prehistoric past beat insistently upon the enthralled consciousness".*

---

26 *"El hecho de que después de 20.000 años los psicogramas arcaicos tengan todavía un enorme impacto sobre nosotros, seguramente nos hace meditar".*

En presencia del objeto antiguo y en la condición adecuada, el pasado vuelve a la mente del observador que utiliza la imaginación, la "conciencia encantada" ("*enthralled consciousness*"). El pasado se parece entonces a una especie de recuerdo; es presentado como algo que yace enterrado, pero no está muerto, algo que resurge para algunos y en situaciones específicas. Tiempo y espacio se confunden. El tiempo y el espacio ordinarios, a los cuales está acostumbrada la mente en condiciones normales, se convierten en dimensiones secundarias, mientras que la dimensión prehistórica, la dimensión del pasado, se hace más explícita.

Tiempo y espacio guardan relación con encanto e imaginación. Esta es la condición gracias a la cual, según Lovecraft, se puede acceder a la dimensión del pasado: la relación tiempo-música-encanto y espacio-figura-imaginación. Un aspecto fundamental para nuestro autor es la imaginación, la facultad de crear imágenes en la mente (*imago*: figura, imagen) y cómo esta capacidad está en relación con el espacio, el lugar de la forma; mientras que el encanto (*canto*: en-*cantar*) es la facultad de maravillar con el canto, el cuento, capacidad que está en relación con la música, y luego, con el tiempo.

En el ensayo *In defense of Dagon*, una apología de su cuento *Dagon*, Lovecraft afirma que sólo la narrativa fantástica satisface lo que pide la imaginación y este tipo de narrativa existe exclusivamente para este fin; esta es una de las motivaciones para el desarrollo de su poética del sueño. Para el joven Lovecraft la mayor fuente de imaginación son justamente sus sueños, creadores de imágenes.

Nos parece de acuerdo con Lovecraft, también uno de los más grandes arqueólogos de todos los tiempos, aquel Sir Mortimer Wheeler que, en polémicas con Taylor, afirmaba que el arqueólogo "*... es un buscador de hechos, esto es cierto, pero los hechos son pruebas tangibles de las conquistas humanas: si aceptamos esta tesis entonces el arqueólogo es también un humanista, y su segundo deber es hacer revivir o humanizar su material con una imaginación controlada, que debe poseer, inevitablemente, también calidades artísticas y filosóficas*"[27]".

¿Existe una relación entre sueños y pasado, entre las técnicas de análisis de la psiquis y las técnicas, diríamos, de "re-exhumación controlada" de la arqueología? El mismo Freud estableció una comparación entre Psicoanálisis y Arqueología: "*...de la misma manera que el psicoanalista levanta la barrera de la remoción y resucita en la consciencia lo que estaba relegado a la inconsciencia, el arqueólogo remueve la tierra y devuelve a la luz todo lo que*

---

27 Ceram 1972, p. 114.

estaba enterrado en el subsuelo. *El primero resucita recuerdos y el segundo restaura monumentos*[28]". Parece que Freud hubiese elegido la imagen de Pompeya como referente del inconsciente removido mientras que su estudio de Viena era decorado con una gran cantidad de objetos que hacían referencia a la antigüedad[29].

El enterramiento de la ciudad de Pompeya por las cenizas del Vesubio en el año 79 a.C. es un ejemplo extremo en el registro arqueológico: "*ante tal especial circunstancia la excavación simplemente consiste en generar una energía contraria a aquella que produjo la sepultura de los restos, ya que todo lo que se halla debajo es parecido a lo que está encima...*"[30]. Se trata, sin embargo, en la mayoría de los casos, vista la complejidad de lo que está "enterrado", de "*descubrir la lógica de lo enterrado para poder traducir, con método, aquella realidad más oscura a nuestro modo más claro de razonar*"[31].

¿Entre qué límites entonces es válida la analogía entre arqueología y psicoanálisis? Hay que tener en cuenta los mismos conceptos y condiciones de espacio y tiempo, de orden y caos. No es suficiente pensar en la tridimensionalidad del espacio y en la condición de linealidad del tiempo, sino que hace falta, más bien, imaginar una gradualidad de condiciones entre los extremos físicos y espaciales, los extremos lineales del tiempo y los formales de la relación orden-caos.

Lo que está enterrado (abajo) no es el reflejo de los que está a nivel del suelo (arriba) y de la misma manera lo que está muerto no es el reflejo de lo que está vivo. A menos que lo que está sepultado, o sumergido, en lugar de estar muerto, esté simplemente soñando... Olvidar no significa destruir para siempre, aniquilar, borrar: "*en la vida psíquica nada puede morir una vez formado*" y "*todo se conserva de algún modo [...] y en circunstancias oportunas [...] todas las cosas pueden ser sacadas a la luz*"[32]; en este punto Freud establece la relación entre memoria y mundo material tomando como ejemplo la evolución histórica y urbanística de Roma desde sus comienzos. También Freud, de todas formas, admite que algo puede no ser restaurado y devuelto a la vida.

En el cuento *Más allá del muro del sueño* (*Beyond the wall of sleep*), escrito en octubre de 1919, Lovecraft afirma su explícita oposición a las ideas

---

28 Carandini 1997, p. 248.
29 Carandini 1997, figs. 34 y 35.
30 Carandini 1997, p. 248.
31 Carandini 1997, p. 248.
32 Carandini 1997, p. 251.

de Freud y a su "simbolismo pueril" (como él mismo declara) y presenta a los lectores su propia definición de la teoría de los sueños, de la materia onírica y de sus posibilidades[33]. ¿Qué es lo que une la teoría del Sueño y el Pasado según nuestro autor? Es el hecho de que algunas personas pueden en *"una especie de vida onírica semi-corpórea"*...

"...in a kind of semi-corporeal dream-life..."

..., que corresponde al momento de los sueños, atravesar y visitar regiones desconocidas a los demás.

Este relato breve es una especie de introducción a la poética onírica lovecraftiana. En el primer párrafo ya está condensada la idea que Lovecraft tiene de los sueños y de su relación con la vida material. Lovecraft efectúa lo que podríamos llamar, en analogía con la definición que Leibner[34] da del escritor de Providence, una "revolución onírica", es decir, invierte los términos de la relación vigilia-sueño y material-onírico, creando una nueva relación entre vida y sueños, espacio y tiempo.

Muy claras son sus palabras: *"podríamos suponer que la vida, la materia y la energía, así como el mundo las conoce, no sean necesariamente constantes en los sueños, y que el espacio y el tiempo no existan así como los concebimos una vez despiertos"*...

"We may guess that in dreams life, matter, and vitality, as the earth knows such things, are not necessarily constant; and that time and space do not exist as our waking selves comprehend them".

---

33 Véase también los ensayos de Houellebecq (2001) y Frayling (1979).
34 De una *"revolución copernicana literaria"* escribe, en un análisis de la narrativa de H. P. Lovecraft, el autor norteamericano Fritz Leibner (*A litterary Copernicus*, 1949). Según este autor, uno de los más atentos críticos del corpus lovecraftiano, Lovecraft hubiera sido una especie de *"Copérnico de los relatos de horror"* (*"Lovecraft was the Copernicus of the horror stories"*) pues desplazó la esencia de lo sobrenatural del nivel de los hombres, su pequeño mundo y sus dioses, al nivel de las estrellas y de la oscura e insondable dimensión del espacio intergaláctico. Así como Copérnico puso en la correcta posición la Tierra respecto al Sol, demostrando que giraba alrededor de nuestra estrella, quitando, de hecho, protagonismo a nuestro planeta en el sistema solar (creando un nuevo sistema heliocéntrico en lugar del antiguo sistema geocéntrico), Lovecraft habría invertido el tradicional antropocentrismo de los cuentos del horror, el universo, y las criaturas o divinidades que lo habitan no serían entonces adversas, enemigas de la Humanidad, sino, simplemente, serían insensibles a ella, siendo la enemistad un concepto antropocéntrico y una concepción antropomórfica asignada al mismo universo. El mismo Azathoth, el jefe supremo del panteón lovecraftiano, es una entidad insensible (*"...the mindless entity Azathoth..."*) al universo.

La relación espacio-tiempo y la misma materia cambian en los sueños. *"A veces creo que aquella existencia menos material es la auténtica y que nuestra inútil presencia en la Tierra es en sí misma un fenómeno secundario o simplemente virtual".*

> *"Sometimes I believe that this less material life is our truer life, and that our vain presence on the terraqueous globe is itself the secondary or merely virtual phenomenon".*

Esta es la revolución: no son los sueños una experiencia al margen de la vida, más bien es esta "existencia menos material" (es decir, los sueños) la existencia auténtica, mientras la vigilia, más material, corpórea, es un fenómeno marginal.

> *"That is not dead which can eternal lie*
> *And with strange aeons even death may die."*
> "No está muerto quien puede yacer eternamente
> y en épocas extrañas hasta la muerte puede morir."

Es este el dístico "inexplicable" del árabe loco Abdul Alhazred (seudónimo del mismo Lovecraft[35]).

Fundamental nos parece el primer verso: "no está muerto quien puede yacer eternamente", es decir, quien puede esperar, aguardar, porque yace enterrado, o bajo el agua, quien sigue "con vida" aunque en un estado de espera, en el subsuelo.

Del mismo modo el pasado no está muerto. Los vestigios del pasado esperan, aguardan, bajo tierra (y a veces por debajo del agua). Es tarea del arqueólogo, digamos, interrumpir este estado de espera de lo que no está muerto, excavar estos vestigios y sacarlos a la luz, devolver la vida (despertar) a lo que está en el estado de sueño. ¡Pero cuidado! Hay un punto muy importante, decisivo: la excavación arqueológica es un proceso de conocimiento pero también de destrucción. Un yacimiento excavado es un sitio materialmente destruido, que ya no existe en forma de sucesión estratigráfica, sino que existe en forma de unidades estratigráficas depuestas en matrices, en gráficos, en fotografías, dibujos, planos topográficos y en la narración[36].

El pasado tiene su materialidad en la evidencia arqueológica exhumada con la excavación; los sueños pueden ser plasmados y hechos materia. El

---
35 Véase el cuento *La ciudad sin nombre*, 1921.
36 Para un excelente y nuevo manual de técnicas de excavaciones arqueológicoas, véase Roskams 2003.

escultor Wilcox (*La llamada de Cthulhu*, 1926), con referencia a una tablilla de arcilla compuesta por un bajorrelieve con "ideogramas prehistóricos", afirma ser él mismo el autor y haberla fabricada mientras soñaba con extrañas ciudades; explica que los sueños son más viejos que la antigua Tiro, que la Esfinge misteriosa o que la Babilonia ornada con jardines...

> *"It is new, indeed, for I made it last night in a dream of strange cities; and dreams are older than brooding Tyre, or the contemplative Sphinx, or garden-girdled Babylon".*

Es el material onírico que es antiguo y el artista Wilcox no hace nada más que reproducirlo en arcilla.

La antigüedad de los sueños, o por lo menos de algunos de ellos, es un aspecto que creemos importante: es como si algunas huellas del más antiguo pasado del ser humano se conservasen en forma de sueños. De hecho hay varios puntos de contacto entre el material onírico y el pasado de la humanidad.

El arte rupestre de la Tierra de Arnheim, en la extremidad septentrional del continente australiano, presenta sus expresiones más antiguas en pinturas y grabados rupestres, que los aborígenes atribuyen a los *Mimi* o espíritus ancestrales benévolos de las antiguas épocas de los *Sueños*[37]. Los humanos tienen responsabilidades hacia estos personajes del *Dreamtime*[38]; en los momentos apropiados, algunos individuos específicamente cualificados se hacen cargo de "refrescar" aquellas figuras y un componente importante de esta tarea consiste en cantos y acciones rituales.

"Refrescar" o "hacer más brillantes" es una manera de recordar las acciones de los seres ancestrales originarios que dibujaron esas pinturas en

---

[37] Griseri 1999, p. 313.

[38] La expresión *"Dreamtime"* fue creada en 1988 por dos antropólogos australianos, traduciendo la palabra "Altjeringa" del idioma Arrernte. Hoy en día parece más correcto el término "The Dreaming" que a menudo se refiere los conceptos de "Tiempo antes del Tiempo", "Tiempo fuera del Tiempo" o "Tiempo de la creación de todas las cosas". Los idiomas indoeuropeos (entre los cuales están el inglés y el español) parecen ser inadecuados para traducir un término creado en contexto aborigen; de hecho el Altjeringa parece hacer referencia más bien a un "Todo-momento" (*"The Everywhen"* en la terminología inglés), un "Tiempo todo a la vez" (*"All-at-once Time"*) donde se exprime una confluencia sincrónica del pasado, presente y futuro. Este concepto no sería opuesto al concepto de "Tiempo lineal" de los nativos australianos, sino que lo complementaría, dado que, según los aborígenes australianos el "Todo-momento" de la "Época de los Sueños" es considerado objetivo mientras que el Tiempo Lineal es una construcción considerada como subjetiva del "Consciente despierto" (*"Waking Consciousness"*) de la vida de cada individuo. El concepto de *"dreaming"* es aún más amplio y llega a coincidir también con un conjunto de aspectos espirituales o creencias de un individuo o de un grupo de individuos.

su lugar originario, es como una manera de reforzar la imagen sobre la piedra, fortalecer su significado y sus características en la mente de quien participa del proceso. Pero, de este modo, el proceso de "refrescar", de reemplazar la imagen original, es esencialmente tanto un proceso conservativo, como un proceso destructivo, por lo menos bajo nuestro (occidental) punto de vista. Recordar, grabar en la memoria, significa entonces hacer visible, salvar, preservar, ya sea en lo que concierne al significado, ya sea por la materialidad de la imagen[39].

El arte rupestre prehistórico, tanto la pintura como los grabados, es un enorme archivo de imágenes, un amplio (en el espacio) y profundo (en el tiempo) cajón de los recuerdos sobre el pasado del hombre. Los aborígenes australianos a menudo coinciden en asignar muchas de las imágenes presentes en sus tierras a una época del Sueño, a un periodo-lugar desde donde pueden sacar, a través de algunas prácticas, el significado de aquella imágenes y pueden recrear, dibujando de nuevo, el recuerdo gráfico del pasado más lejano.

De la misma manera que en el mundo del subsuelo psíquico o estratigráfico (arqueológico), también en las profundidad gráfica de las imágenes pintadas en la prehistoria, en el más lejano pasado o en la "época de los sueños", tenemos que conocer la lógica de aquel contexto para poder volver y proponer, como hacen los nativos australianos con la acción de "refrescar" o "hacer más brillante", su significado o, donde esto no sea posible, el marco contextual donde deberían estar ubicados los significados específicos; un intento de reconstrucción de la gramática y de la sintaxis de aquel arte, al no poder reconstruir los significados de las palabras.

> *"Todavía hoy en día el arte, así como el pensamiento y la dinámica asociativa, parece conservar constantes referencias a los arquetipos. En determinadas contingencias descubrimos un hilo conductor que nos vuelve a llevar a la lógica primordial, dotada de una capacidad comunicativa esencial. El descubrimiento del arte prehistórico y tribal es, sobre todo, esto: un descubrimiento que acontece en nosotros mismos en el momento en que lo asimilamos y nuestro intelecto responde; descubrimos entonces uno de los valores fundamentales del arte visual: que nunca muere. Y nos preguntamos qué profundos mecanismos de nuestro sistema asociativo nos permiten hacer nuestros, o por lo menos intuir, los mensajes que un anónimo cazador encomendó a una roca hace 30.000 años […].*

---

39 Clegg 1999, p. 319.

> *La lógica del arte ha dado comienzo al lenguaje y luego a la escritura. Se basa en el mecanismo fundamental del sistema de asociaciones, utilizando términos que al principio son universales, pero en los cuales, progresivamente, se infiltran factores específicos. En sus orígenes, el arte refleja un idioma común, los signos utilizados son arquetipos y las asociaciones se repiten, similares, en contextos culturales y étnicos diferentes [...]. El artista que busca sus ideogramas, de hecho, intenta derribar el muro que lo separa de lo que está en la profundidad. Esto se realiza cuando aquel muro se hace transparente y el artista consigue ver a través de él... Esa gramática y esa sintáxis primordiales están en nosotros. El hombre prehistórico ha llegado a los signos desde el contenido y no al revés; sus signos y las asociaciones entre éstos tienen consistencia... Inevitablemente la búsqueda actual debe volver a recorrer el camino al revés, desde los signos al contenido"*[40].

El arqueólogo E. Anati hace una distinción entre tres signos, gramaticalmente diferentes entre ellos, presentes en el arte prehistórico: los pictogramas, los ideogramas y los psicogramas. Estos últimos son signos que *"no parecen representar ni objetos, ni símbolos. Son impulsos, violentas descargas de energía, expresiones tal vez de sensaciones..."*[41].

Además, los psicogramas tienen un significado aún más abstracto que los símbolos, actúan a nivel del inconsciente, como ciertos signos arquetípicos que nuestra memoria consciente ya no sabe como definir. Estos signos no pierden eficacia con el paso de los milenios... *"el hecho de que después de 20.000 años los psicogramas arcaicos tengan todavía un enorme impacto sobre nosotros, seguramente nos hace meditar"*[42].

El mismo Lovecraft lleva a los lectores hacia la investigación antropológica; como requiere la tradición de los estudios en los Estados Unidos, la investigación arqueológica se cruza con el estudio antropológico (véase cap. 4).

El inspector Lagrasse (*La llamada de Cthulhu*) acudió al congreso anual de la American Archaeology Society, en 1908, en S. Luis, con una antiquísima estatuilla de piedra de origen desconocido. La estatua fue hallada unos meses antes en los pantanos al sur de Nueva Orleans, durante una operación de la policía, que había interrumpido una ceremonia vudú...

---
40 Anati 1999, p. 11-32.
41 Anati 1999, p. 16.
42 Anati 1999, p. 16.

> "The statuette, idol, fetish, or whatever it was, had been captured some months before in the wooded swamps south of New Orleans during a raid on a supposed voodoo meeting".

Arqueología y antropología parecen estar entrelazadas tanto en la investigación de campo, como en la imaginación de Lovecraft: "*la pequeña figura, tan extraña y con un aire de tan genuina abismal antigüedad insinuaba con fuerza visiones arcaicas*".

> "…the diminutive figure whose utter strangeness and air of genuinely abysmal antiquity hinted so potently at unopened and archaic vistas".

En su verdosa superficie se notaba el testigo del paso de los siglos, de los milenios. Su origen era desconocido, siendo un objeto descontextualizado, pero se notaba la extrañeza cultural y su gran antigüedad. La misteriosa estatua era el fetiche, el ídolo que representaba la monstruosa divinidad *Cthulhu*, adorada en todos los rincones del planeta, por individuos desviados y salvajes, como exóticas tribus de "esquimales que rezaban al Diablo", los salvajes de los pantanos de Louisiana y las aisladas tribus del Océano Pacífico.

Se encuentran extrañas estatuillas.

Analizando la historia de Cthulhu nos dábamos cuenta de que no era la primera vez que oíamos algo aterrador sobre extrañas y antiguas estatuillas; cogimos un libro de la biblioteca y empezamos a leer: "*…el cuerpo del niño había sido mordido por dientes malvados en la blanda carne de los muslos. De la misma manera los hombros habían sido masticados. Vi esa espantosa escena con mis ojos. Una vez fuera de la casa, los guerreros de Buliwif tenían la cara torva y amenazadora. Siguieron escudriñando con mucha atención el suave terreno a los alrededores, fijándose en el hecho de que no había huellas de pezuñas de caballos. Este elemento era para ellos muy importante, pero yo no entendía el porqué. Tampoco fijaba mucho mi atención pues me encontraba todavía muy débil de corazón y con el estómago revuelto. Mientras estábamos atravesando los campos, Ecthgow halló algo que ahora voy a describir: una pequeña piedra, más pequeña que el puño de un niño, pulimentada y toscamente esculpida. Todos los guerreros se agolparon para mirarla y yo también. Pude ver que se trataba del torso de una mujer embarazada, no tenía ni cabeza, ni piernas; sólo el torso con un gran vientre hinchado y por encima dos turgentes y péndulas pechos. El artefacto me parecía muy feo y tosco, pero nada más. Sin embargo para los normandos…*"[43].

---

43 M. Crichton, *Eaters of the Dead* (*Devoradores de cadáveres*).

Ya desde finales del siglo XIX empezaron a salir a la luz en diferentes contextos prehistóricos "misteriosas y antiguas" estatuillas que, aunque afortunadamente menos espantosas que la abominable representación de Cthulhu, impactaron en el mundo científico de la Arqueología de la época y todavía hoy hechizan al público y los mismos prehistoriadores gracias a su estética, a la particularidad del sujeto y la gran antigüedad: son las estatuilla (o "*venus*") esteatopigias del Paleolítico superior.

Nos podemos hasta imaginar la cara de sorpresa de Edouard Piette, el arqueólogo francés que en 1894 halló en la cueva de Brassenpouy (Landes, Francia) una deliciosa estatuilla que representaba el cuerpo de una mujer. Los rasgos estaban bien definidos, pero faltaban los labios, característica esta común en el arte mueble de la época, pues la estatuilla pertenecía a los estratos gravetienses del yacimiento, (27.000-22.000 b.p.). Una suerte de tocado, o según otros, un tipo particular de peinado, ornaba la cabeza, y una mirada intensa impresiona al observador a la vez con su simplicidad y profundidad. No nos imaginamos a Piette merodeando entre congresos con su estatuilla, pero este hallazgo debía de haber asombrado tanto el arqueólogo francés, como a sus compañeros de investigación y al público en general.

Sólo unos pocos años antes tuvo lugar el descubrimiento de la primera forma artística espectacular de la prehistoria, las pinturas de la cueva de Altamira, y en el cambio de siglo, la opinión común sobre la vida del hombre en el pasado más profundo no preveía la posibilidad de la creación de formas de arte, sino más bien la desesperada y cotidiana supervivencia durante las frías noches prehistóricas.

Muchas más estatuillas representando mujeres fueron sacadas a la luz en toda Europa, como la venus de Willendorf, descubierta en el yacimiento austríaco del mismo nombre en 1908, o la mujer de arcilla quemada hallada en el yacimiento de Dolni Vestonice, en Moravia (República Checa) o las cinco estatuillas de marfil representando imágenes femeninas encontradas en el yacimiento ruso de Avdejevo. En Lespugne se halló una de la venus de mayor tamaño, una estatuilla que medía 14 centímetros, con enormes nalgas, y pecho globuloso, probablemente con el fin de evidenciar, una vez más, la fecundidad femenina, mientras que en los yacimientos de Sireuil y Tursan se hallaban otras dos estatuillas femeninas[44].

La belleza de estas figuras es antitética a la monstruosidad de la imagen de Cthulhu esculpida por el joven artista Wilcox, pero su antigüedad es enorme

---

44 Vialou 1997.

si nos detenemos a pensar que los mármoles del Partenón tienen "sólo" 2.500 años y los leones de la puerta de Micenas "sólo" poco más de 3.000, mientras que la estatuaria más antigua creada por el ser humano se remonta, y las venus son un claro ejemplo, a más de hace 20.000 años. Muchas de estas figuras fueron halladas precisamente a finales del siglo XIX y también en Italia, como las venus del yacimiento paleolítico de los "Balzi Rossi", en Liguria, a escasos metros de la frontera francesa. Otras venus fueron halladas fuera de sus contextos estratigráficos, como en el caso de la estatuilla de Savignano, en el monte Panaro, cerca de Módena[45].

En ocasiones fantasía y realidad se mezclan: las circunstancias mismas del hallazgo por parte de un tal Jullien de unas estatuillas en los "Balzi Rossi", son más bien extrañas y misteriosas[46].

Parece que Jullien haya descubierto las venus, o se haya hecho con ellas, entre 1883 y 1895, periodo en el que este tipo de arte paleolítico era todavía muy poco conocido. Jullien declaró haber ocultado el hallazgo porque, en ausencia de términos de comparación, temía que estas estatuillas pudieran haber sido consideradas posteriores al periodo paleolítico, junto a todo el yacimiento arqueológico de los "Balzi Rossi", disminuyendo el valor y el significado histórico de aquello.

Tras el hallazgo, en 1895, de la Venus de Brassempouy, Jullien decidió vender sus venus; una fue comprada el año siguiente por S. Reinach y otras seis por E. Piette, entre 1900 y 1902. La correspondencia entre Piette y Jullien evidencia que éste tenía en sus manos unas quince estatuillas, una parte de ellas llevadas por el mismo Jullien a Canadá. Una venus fue comprada por el Peabody Museum en 1944, mientras que las otras, no hace mucho tiempo que reaparecieron en el mercado de antigüedades.

Jullien afirmó haber encontrado tres estatuillas en la Barma Grande, una de las cuevas que forman el yacimiento de los "Balzi Rossi", mientra que, de forma confusa, indicó como lugar de origen de las demás otra cueva, llamada "la cueva del Príncipe". El problema es que las venus son ejemplos del arte del periodo Paleolítico Superior, especialmente del periodo Gravetiense (27.000-22.000 años b.p.) pero las excavaciones llevadas a cabo en la cueva del Príncipe han evidenciado sólo estratos del Paleolítico Medio (200.000-35.000 años b.p.), mucho más antiguo que el Gravetiense, invalidando así las genéricas afirmaciones de Jullien. Es posible que Jullien hubiese querido

---
45 Vialou 1997.
46 Del Lucchese 1996.

desviar el interés de posibles saqueadores de yacimientos arqueológicos o que hubiese sido engañado él mismo por otros excavadores. De todas formas, no hay que excluir que hubieran podido existir en la cueva del Príncipe también pequeños niveles estratigráficos del Paleolítico Superior o un depósito de estatuillas, una pequeña fosa excavada después de la formación de los niveles del Palelítico Medio, donde hubiesen sido guardadas la estatuillas para ocultarlas o almacenarlas.

A menudo se puso en duda la autenticidad de estas venus halladas en los "Balzi Rossi". No hay duda de que la rareza de algunas declaraciones de su descubridor, el misterio que envuelve su descubrimiento, la ocultación de las piezas y la presencia de falsificadores en la zona, como fue atestiguado por E. Rivière, han contribuido a crear un clima de sospecha, como afirma A. Del Lucchese en su guía del Museo y del yacimiento de los "Balzi Rossi", pero parece poco verosímil que, en la época del hallazgo, hubiera podido existir un falsificador tan hábil en reproducir copias tan originales y correspondientes a los cánones de este tipo de representación.

La mujer no fue el único tema de representación en la estatuaria del hombre del paleolítico superior. Algunos sujetos son maravillosos ejemplos de la complejidad psíquica, además de la capacidad artística, de hombres y mujeres del Paleolítico Superior. Del yacimiento auriñaciense de Holstein-Stadt (35.000-25.000 b.p.) procede la "enigmática" estatuilla antropomorfa en marfil de un hombre, de pie, con los brazos extendidos paralelos al cuerpo y con cabeza de león. La representación de este hombre-león es acompañada por un análogo hombre-oso, una incisión, grabada sobre un fragmento redondo en hueso, hallado en la cueva de Le Mas d'Azil, en Ariège, Francia. Sobre una cara del objeto se ve la zarpa de un oso acercándose al vientre de un hombre con rasgos animales, posiblemente con una máscara[47].

Si volvemos a la estatuilla de Cthulhu podemos leer que su edad era incalculable, escribe Lovecraft, seguramente muy antigua. Mientras que la mayoría de los presentes al congreso de arqueología no tenían la menor idea del origen de la figura de arcilla, ni podían descifrar los extraños jeroglíficos grabados sobre su superficie, el único que parece poder resolver el enigma es un antropólogo y explorador, el Professor William Channing Webb.

Sucesivamente el lector descubre lo que rezaban los fieles durante la ceremonia vudú en honor a la estatuilla: *"en su casa de R'lyeh el fallecido Cthulhu espera soñando"*. La divinidad Cthulhu, aunque monstruosa, tiene

---

47 Vialou 1997, p. 87

una casa, una morada donde habitar; su casa está en un lugar urbano, una ciudad que tiene un nombre: "R'lyeh". Además, el dios-monstruo hace algo... espera y sueña. "*...El fallecido Cthulhu espera soñando*" es decir, la suprema monstruosidad del panteón de tribus salvajes y degeneradas, el cósmico horror abismal, hace algo muy humano: sueña. El sueño es entonces la conexión, para nuestro autor, entre el pasado y el presente, entre el mundo y el ultramundo, entre el hombre y su pasado, el hombre y sus miedos. Además Cthulhu espera soñando en su casa, en su ciudad; está en una condición, bajo un punto de vista "social" mucho mejor que los desgraciados inmigrantes que merodean por Nueva York o los salvajes idólatras desviados.

R'lyeh y Babilonia

El vínculo entre ciudad y sueño, estratificación urbana y estratificación psíquica está presente tanto en Freud, con la referencia a Roma "Ciudad Eterna", como en Lovecraft y sus referencias literarias a R'lyeh, la morada de Cthulhu que espera soñando, a Babilonia, a Providence (donde el autor nació y pasó casi toda su vida) y la topografía histórica del su casco viejo y hasta a Nueva York, con su extraña y abrumadora "estratificación humana". Según Carandini: "*el embrollo condensado del yacimiento pluriestratificado [de la ciudad, nda] se debe pues al intento comprometido de tridimensionalizar el sueño imposible de la absoluta compatibilidad espacial, mientras que la realidad material sólo permite, como máximo, superponer una cosa a otra*"; si se desea "*una ciudad inmutada y al mismo tiempo renovable, con las mismas calidades de la psique [...] acabamos con tener simplemente una ciudad pluriestratificada*"[48].

Babilonia entre el mito y la realidad. Quizás ninguna otra ciudad tuvo este doble rol entre lo material y la imaginación como la antigua Babilonia. "*Dos visiones totalmente diferentes, más bien opuestas, de la misma entidad, una mítica y otra real, donde la primera sin duda ha predominado sobre la segunda casi anulándola del todo*"[49]. Probablemente, es esta la visión que más inspira a Lovecraft: el mito de la ciudad bíblica, más que la Babilonia histórica, arqueológica, aunque las excavaciones de la ciudad mesopotámica ya habían acabado unos años antes de la publicación de los primeros relatos del escritor de Providence.

Koldewey, el 26 de marzo de 1899, comienza las excavaciones sobre la roca de Babel y el 5 de abril ya encuentra la muralla de la ciudad y cerca de 37.000 fragmentos de cerámica. Con el apoyo de más de 200 obreros, el

---
48 Carandini 1997, p. 254.
49 Pettinato 1994 b, p. 256.

arqueólogo alemán excavó durante quince años el yacimiento, sacando a la luz la antigua Babilonia y sus grandiosas fortificaciones urbanas, entre las más grandes de la historia de la urbanística de la antigüedad. Koldewey descubrió también el *Etemenanki*, la torre de Babilonia:

> *"Los cimientos de la torre eran anchos noventa metros y de noventa metros era también la altura de la construcción. La primera planta tenía una altura de treinta y tres metros, la segunda dieciocho, y la tercera, la cuarta y la quinta seis metros; quince metros medía el templo de Marduk, la divinidad de Babilonia, recubierto de oro y con decoraciones de azulejos [...]. El tamaño colosal de la torre [...] surgiendo en el medio de soberbios palacios sacerdotales, los grandes almacenes, los innumerables locales para peregrinos, las paredes blancas, las puertas de bronce, las amenazantes fortificaciones en los alrededores, con altos portales y una selva de mil torres, debían de producir una fortísima impresión de grandeza y poder..."*[50].

Las dimensiones colosales de la arquitectura de la ciudad de Nabucodonosor, con sus zigurath, los almacenes, el monumental camino para las procesiones, las estatuas de Marduk, los planos inclinados y las grandes superficies de adobe parecen la imagen arqueológica de la imponente y onírica ciudad de R'lyeh y de la olvidada ciudad, medio sumergida en el hielo, de la Antártida, descrita en el cuento *Las montañas de la locura*.

La relación caos-orden, ciudad-sueño, es la misma historia de la ciudad capital de Mesopotamia y de la sede oceánica de Cthulhu. En el episodio bíblico identificado como "La historia de la torre de Babel" aparece por vez primera el nombre Babilonia, abreviado en Babel. Aparece también la pseudoetimología de su nombre, que moldeó su carácter mítico a lo largo de los milenios, más allá de las excavaciones de Koldewey. Esta etimología popular, que existe desde hace más de 2.500 años *"nunca será olvidada, tan radicada está en nuestra mente: Babel= confusión, caos. Esta es la base y el origen del término Babilonia para indicar un lugar donde no reina el orden, sino que más bien tiene su sede en la desorganización total, el caos"*[51].

Lovecraft no es el único en subir la mítica atracción del desorden, del caos generado por la imagen de Babel; como ejemplo contemporáneo véase el uso que el legendario grupo punk de los principios de los '80, The Misfits, hace de esta imagen, poniendo como título a una canción, *Hollywood Babylon*.

---
50 Ceram 1952, p. 295-296.
51 Pettinato 1994 b, p. 7.

Pero, como subraya el arqueólogo G. Pettinato: "*a pesar de la explicación más bien negativa del nombre de Babilonia, el cuento bíblico subraya un aspecto que revela la evidente antipatía hacia esta ciudad: Babilonia es el primer conjunto urbano con características bien definidas. Así, Babilonia es la primera y más antigua ciudad del mundo y [...] la más hermosa de todas las antiguas ciudades*[52]". El verdadero significado de su nombre es *"La Puerta del Dios"*, bab-ili, *en el sentido de barrio, morada de la divinidad, significado completamente opuesto al que deriva de la tradición bíblica, pues significa "tranquilidad, sobre todo del espíritu, gracias a la presencia de la divinidad"*[53].

Podríamos decir que Lovecraft, con la creación de R'lyeh y sus características ultrababilónicas continúa el mito de la ciudad mesopotámica, tomándola como límite de la antigüedad y del gigantismo urbanístico humano y superando este límite con la asombrosa ciudad de R´lyeh donde Cthulhu espera soñando. El grande Marduk tiene como sede Babilonia, el espantoso Cthulhu tiene su morada en la terrible R´lyeh.

Hay otro tipo de estratificación, además de las de tipo psíquico y arqueológico; un tipo de estratificación sólo en apariencia diferente de aquellas, pero que, sin embargo, tiene las características de ambas gracias a su carácter tanto histórico, es decir, de desarrollo temporal, como imaginativo, creador de imágenes: el arte rupestre prehistórico pospaleolítico. A parte del maravilloso arte de las cuevas del Paleolítico franco-cantábrico o del arte de los nativos australianos, hay otros impresionantes lugares, como Campolameiro (en Galicia), Valcamonica (en Italia), Bohuslan (en Suecia), o Mont Begó (en Francia) donde se pueden leer y evocar partes de nuestro antiguo pasado[54].

También en estos casos es necesario conocer la lógica del pasado, tanto social, como psíquico, para poder intentar comprender y recordar lo más correctamente posible.

---

52 Pettinato 1994 b, p. 7.
53 Pettinato 1994 b, p. 8.
54 Véase Barfield, L. and Chippindale, C. 1997, Meaning in the Later Prehistoric Rock engravings of Mont Bego, Alpes-Maritimes, France, Proceedings of the Prehistoric Society, 63, 103-128; Bradley, R. and Fábregas, R. 1998, Crossing the border: contrasting styles of Rock art in the Prehistory of North-West Iberia, Oxford Journal of Archaeology, 17, 287-308; Vázquez Varela, J. M. 1990, Petroglifos de Galicia, Santiago de Compostela; De Lumley, H. 1995, Le grandiose et le sacré. Gravures rupestres protohistorique et historique de la région du Mont Bego, Edisud, Aix-en-Provence; Fossati, A. 1991, L'Età del Ferro nelle incisioni rupestri della Valcamonica, in Immagini di un'aristocrazia dell'Età del Ferro nell'arte rupestre camuna: contributi in occasione della mostra al Castello Sforzesco, Aprile 1991-Marzo 1992, Milano, 11-71; Whitley, D. S. (ed.) 2001, Handbook of Rock Art research, Altamira Press, Walnut Creek.

Estos lugares son enormes confluencias de recuerdos, de imágenes, donde el hombre contemporáneo puede sacar conocimiento y emociones de un antiguo pasado; puede, aunque sólo en parte y siguiendo la debida lógica, volver a éste, en un juego que entrelaza las imágenes grabadas con la visiones creadas por la mente, ya sean del observador contemporáneo o del artista antiguo. Este flujo imaginativo se reanuda en el tiempo permitiéndonos asomarnos al pasado. Este tipo de estratificación es tan directo, en el acabado de las imágenes, como complejo en sus relaciones espacio-temporales.

El orden y el caos.

La redacción de *La llave de plata* (*The Silver Key*) de 1926, es contemporánea a la presentación al público de R'lyeh y Cthulhu. Este cuento es una continuación del manifiesto lovecraftiano, sobre todo por lo que concierne la teoría del sueño. Lo que sobre todo nos interesa es subrayar la relación entre *sueño* y *pasado* y la afirmación por parte de Lovecraft de la ausencia de significado y de un fin en el cosmos y en la vida, afirmación con matices darwinistas, si pensamos en la importancia del factor del azar en la Teoría de la Evolución y en la idea misma de evolución como un proceso sin un fin establecido de antemano (en oposición a la visión teleológica de matriz religiosa). Entonces, ¿cómo este aspecto de la poética lovecraftiana se conecta con las ideas de la superioridad de la "raza blanca" anglosajona respecto a las demás razas y de la evolución humana vista como una escalera, un proceso ascendente, que conduce hacia algo superior subiendo los peldaños de la perfección (sensitiva, moral y biológica)?

Antes de nada vamos a ver cómo desarrolla Lovecraft su Teoría de los Sueños (¿existencialismo onírico?) y la relación entre ésta y su idea del pasado. Randolph Carter, uno de los personajes del cuento pronuncia estas palabras: *"..la vida es una teoría de imágenes en la mente, no hay diferencia entre aquellas nacidas de las cosas reales y las nacidas de los sueños interiores".*

> *"...life is only a set of pictures in the brain, among which there is no difference betwixt those born of real things and those born of inward dreamings".*

Otra idea se añade a aquella, la de la casualidad del cosmos y de la vida: *"las acciones concretas son vacías e infantiles, y aún más absurdas, pues quien las cumple insiste en atribuir a aquéllas un significado y un fin, mientras que el ciego cosmos gira sin meta desde la nada hacia la existencia y desde la existencia hasta la nada, indiferente, ignorando los deseos y la existencia de las mentes que por un instante proyectan un relámpago de luz en la oscuridad".*

> "...simple fancies were inane and childish, and even more absurd because their actors persist in fancying them full of meaning and purpose as the blind cosmos grinds aimlessly on from nothing to something and from something back to nothing again, neither heeding nor knowing the wishes or existence of the minds that flicker for a second now and then in the darkness".

A esta construcción metafísica, Lovecraft une su idea estética. Define la belleza como hija de la armonía.

> "...beauty lies in harmony..."

Afirma que la armonía "*no encuentra parámetros en el cosmos sin sentido, a parte, sólo en armonía con los sueños y los sentimientos que han sido y que ciegamente moldearon nuestras pequeñas esferas fuera del caos general*".

> "...and that loveliness of life has no standard amidst an aimless cosmos save only its harmony with the dreams and the feelings which have gone before and blindly moulded our little spheres out of the rest of chaos".

Entonces el único valor del bien, del mal, de la belleza y de la fealdad "*yace en su vínculo con lo que el azar hizo creer y sentir a nuestros padres, y sus detalles más sutiles son diferentes por cada raza y cultura*".

> "...good and evil and beauty and ugliness are only ornamental fruits of perspective, whose sole value lies in their linkage to what chance made our fathers think and feel, and whose finer details are different for every race and culture".

Para Lovecraft "*la tranquila y duradera belleza sólo existe en los sueños...*"

> "Calm, lasting beauty comes only in a dream..."

...y el sentido de la vida en este caos vacío es vivir como "*es apropiado a un hombre con pensamientos profundos y unas buenas tradiciones familiares*".

> "...to live as befitted a man of keen thought and good heritage".

Pues, estas buenas tradiciones familiares ("*a good heritage*"), que coinciden con lo que creyeron y sentían sus padres, definen su raza y su cultura, como superiores a las demás, gracias a sutiles detalles de sensibilidad en el conocimiento del vínculo entre la armonía, la belleza y el azar.

El amor por la armonía ataba a Lovecraft (y a Carter, el protagonista del cuento) a las costumbres de su raza y su clase social. La idea del pasado es fundamental en la poética del escritor de Nueva Inglaterra. Es a través del pasado y su dimensión transitoria hacia el presente, concepto bien resumido con la imagen de las costumbres, que siguen idénticas a través del paso de las generaciones, desde nuestros padres hasta nosotros, que se definen y se consolidan con la *raza*, la *cultura*, y la *clase social*. Además, el pasado es guardián de la verdad y la investigación en el pasado es una búsqueda catártica, ya sea de la verdad en sí misma, o de un antídoto para el veneno del "tópico" y como fuga de la vida. Es por esta razón que Lovecraft-Carter quiere investigar *"los arcanos del consciente que pocos han explorado"* e investigar en *"los misteriosos abismos de la vida, la leyenda y la inmemorable antigüedad..."*

> *"...delving into arcana of consciousness that few have trod, and learning things about the secret pits of life, legend, and immemorial antiquity which disturbed him ever afterward".*

Sondear las leyendas y la inmemorable antigüedad y llegar a descubrir los misterios no tiene vuelta atrás, es como superar las Columnas de Hércules, pues, como advierte el mismo Lovecraft, la contemplación de aquellos misterios turba para siempre.

El protagonista del cuento, Randolph Carter, encuentra una llave, un objeto destinado a abrir las dimensiones del sueño y del pasado, tanto de la infancia, como del pasado inmemorial. No es casualidad que el mismo aspecto de la llave sea señal de la manifestación misma de su antigüedad. El pequeño cofre de madera que contenía la llave estaba grabado con maravillosas decoraciones y cerrado desde hace dos siglos. Sobre el pergamino contenido junto a la llave en el interior del pequeño cofre estaban dibujados *"extraños jeroglíficos escritos con una antigua caña en un idioma desconocido"*...

> *"...the strange hieroglyphs of an unknown tongue written with an antique reed".*

Aquellos símbolos recuerdan al protagonista otros extraños signos que había visto unos años antes en un rollo de papiro propiedad de un viejo del sur que leía libros prehistóricos...

Un fuerte vínculo une la inmemorial antigüedad (aquellos rollos de papiro), la llave de plata, los sueños y la adolescencia: *"él deseaba el país de los sueños que había perdido y anhelaba los días de su infancia. Luego encontró una llave y, de algún modo, creo que ha sido capaz de usarla con un extraño provecho"*, escribe Lovecraft de Carter y de sí mismo...

"He wanted the lands of dream he had lost, and yearned for the days of his childhood. Then he found a key, and I somehow believe he was able to use it to strange advantage".

Se trataría de un vínculo circular en el sentido de que desde la prehistoria (la antigüedad inmemorial) llega la llave que permite, a quien sabe utilizarla, volver a la infancia y llegar al mundo de los sueños y a través de los mismos sueños se puede entrar en contacto con el más antiguo pasado, la prehistoria, gracias a aquellos sueños *"más viejos de la antigua Tiro, de la Esfinge misteriosa o de Babilonia decorada con jardines"* (como afirma el joven escultor Wilcox en *La llamada de Cthulhu*).

Nos parece que Lovecraft tiene una idea de un pasado "personal" más bien compleja. Podemos definir por lo menos tres niveles temporales: a) el pasado más cercano, es decir, el tiempo de la infancia; b) el pasado histórico, que equivale al pasado de las costumbres que le han trasmitido sus antepasados, el pasado de su cultura, de su raza, que coincide con la historia de las raíces anglosajonas del escritor (que se pueden remontar hasta la edad romana en Europa) y la historia escrita, que se puede leer; c) la prehistoria, en el sentido de la época antes de la historia, la "antigüedad inmemorial," de la cual no tenemos informaciones escritas (véase también el cap. 4).

El final del cuento nos parece maravilloso. La voz del narrador, el mismo Lovecraft, afirma que en los enigmáticos jeroglíficos *"puede que estén simbolizados los fines y los misterios de un cosmos ciego e impersonal"*...

"...in its cryptical arabesques there may stand symbolised all the aims and mysteries of a blindly impersonal cosmos".

La investigación del pasado, tanto de la humanidad, como de nuestra propia infancia y de los sueños, el análisis de enigmáticos jeroglíficos, de los pliegues del pasado, en los más oscuros rincones de nuestros sueños... Puede que nos permita el descubrimiento del significado de la casualidad del universo, ¡puede ser!

En busca de lo maravilloso y fántastico

Uno de los últimos cuentos de Lovecraft es *Las montañas de la locura* (*At the mountains of madness*) escrito entre febrero y marzo de 1931. Con este cuento el escritor llega a contemplar el más remoto pasado, hasta el nacimiento de la vida en nuestro planeta y aún más allá. Este relato breve presenta un contexto geológico y paleontológico, más que arqueológico *strictu senso*. La prehistoria que aquí se menciona es la prehistoria del Terciario, de los primeros organismos vivientes hasta la evolución de los dinosaurios que, en este cuento, son citados varias veces.

Antes de adentrarnos en el pasado con Lovecraft, queremos detenernos en dos aspectos cruciales del texto: la pasión por la aventura, "sentimiento" que empuja los protagonistas siempre más allá, a pesar del miedo, de lo desconocido o del horror (véase el paralelismo con las Columnas de Hércules homéricas y dantescas, cap. 1), y la importancia de la *imaginación*.

Tomamos como ejemplo a Lake, el biólogo presentado en el cuento; su excitación, debida a los primeros hallazgos de huellas fósiles de los "Primigenios" había llegado al nivel del motín...

"...I saw that his excitement had reached the point of mutiny".

A los protagonistas de la exploración, la sola idea de superar las titánicas montañas del Antártico encendía su más profundo sentimiento de aventura...

"Thought of this titanic mountain rampart seven hundred miles away inflamed our deepest sense of adventure".

...mientras que, la visión del perfil de la cordillera hacía que ellos mismos vieran aquellos lugares como la tierra del misterio en un sueño o la entrada a un mundo prohibido de maravillas desconocidas...

"Like land of mystery in a dream or gateway to forbidden world of untrodden wonder..."

...y en conjunto, el espectáculo contenía la persistente, penetrante alusión a un estupendo secreto o a una potencial revelación...

"In the whole spectacle there was a persistent, pervasive hint of stupendous secrecy and potential revelation".

Las cumbres de las montañas todavía inexploradas por el hombre son como la visión naturalista de lo ignoto, que espera ser explorado, de las

Columnas de Hércules que encierran el mundo conocido pero que se abren hacia la dimensión de un mundo asombroso, maravilloso y desconocido. Este mundo, aún por conocer, de la aventura, como las cumbres de las montañas de la Antártida, es para Lovecraft como los pilares de un aterrador portal que se abre hacia prohibidas esferas del sueño y complejos abismos del tiempo más remoto, del espacio y de la ultra-dimensionalidad...

> *"...pylons of a frightful gateway into forbidden spheres of dream, and complex gulfs of remote time, space, and ultra-dimensionality".*

Aquí tenemos todas las dimensiones del fantástico lovecraftiano, dimensiones muy parecidas al repertorio arqueológico: los abismos del tiempo más remoto y del espacio todavía desconocido, la dimensión onírica del sueño, otras dimensiones moldeadas por la imaginación, las dimensiones estratificadas por el paso del tiempo, por la acumulación de la tierra y por los recuerdos, la dimensión de la ausencia, lo que nuestra mente selectiva olvida con el transcurrir del tiempo, lo que el despertar borra de los sueños y lo que el suelo guarda oculto. Para Lovecraft es fundamental la dimensión del miedo, del horror (el portal es aterrador), pero es un terror que nunca paraliza sus personajes o su fantasía: la pasión por la aventura es demasiado fuerte: *"a pesar del horror, teníamos suficiente celo científico y sentido de la aventura para hacernos preguntas sobre qué reino desconocido podría estar oculto detrás de aquellas misteriosas montañas..."*

> *"In spite of all the prevailing horrors, we were left with enough sheer scientific zeal and adventurousness to wonder about the unknown realm beyond those mysterious mountains".*

El sentido de la aventura, la curiosidad de conocer lo ignoto, tanto en su dimensión temporal como en la espacial, es una suerte de fuego que arde en el interior del investigador, del explorador, del hombre que busca en el pasado y necesita avanzar aún más allá. Este fuego se alimenta también en el espíritu del mismo Lovecraft y produce una desenfrenada búsqueda en la dimensión de los sueños y de la imaginación. Este fuego arde en los héroes-arqueólogos creados por el escritor, que siempre aguantan la tensión dramática del descubrimiento de lo desconocido, de los misterios del tiempo, de los secretos ocultos bajo la tierra, pues por encima del estupor y del sentido de amenaza, arde la fundamental curiosidad de entender mejor el antiquísimo secreto...

> *"...for above all my bewilderment and sense of menace, there burned a dominant curiosity to fathom more of this age-old secret..."*

El sentido de aventura se entrelaza con otra dimensión: la imaginación, inter-actuando recíprocamente y en una sucesión dinámica se amplifican y se regeneran a la vez. El sentimiento de aventura es el ímpetu inicial, el primer movimiento que permite pasar el umbral del mundo desconocido y estimular la imaginación que descubre lo ignoto y define la aventura misma.

En la misma manera la imaginación actúa desde el principio sobre el sujeto creando una tensión que, amplificando el sentido de aventura, genera el movimiento del sujeto hacia lo ignoto, mientras que la misma imaginación sustenta el sentido de aventura que, a pesar del miedo y los peligros, no se apaga. Lovecraft afirma que esta actitud es la misma de los exploradores que buscan animales feroces en las selvas africanas para fotografiarlos y estudiar sus costumbres. A pesar del miedo, arde una llama de curiosidad y sagrado respeto que finalmente triunfa...

> *"...I think I can detect something of the same spirit - albeit in a less extreme form - in the men who stalk deadly beasts through African jungles to photograph them or study their habits. Half paralyzed with terror though we were, there was nevertheless fanned within us a blazing flame of awe and curiosity which triumphed in the end".*

Una vez superado el umbral, frente al impacto de la visión de lo ignoto que se oculta más allá de la puerta, la imaginación sobrepasa los límites, arde en una llamarada, en una explosión, pero enseguida empieza a tejer asociaciones hasta la construcción, aunque hipotética, de un patrón, hasta la creación de relaciones entre lo que estaba oculto en lo ignoto y las suposiciones que la imaginación aún por explotar, pero en acción, había construido antes de superar las Columnas de Hércules. De esta forma se expresa el protagonista contemplando la metrópolis primigenia escondida detrás de las montañas árticas: *"mi imaginación huyó de todos los vínculos y se sumergió, sin direcciones, en el reino de las puras asociaciones fantásticas, hasta suponer una relación entre aquel mundo perdido y algunos de mis sueños más extraños..."*

> *"...my imagination sometimes escaped all bounds and roved aimlessly in realms of fantastic associations--even weaving links betwixt this lost world and some of my own wildest dreams concerning..."*

Acercándonos al objeto de la investigación y a su comprensión conseguimos incluso experimentar la aguda sensación de inminentes maravillas, hasta el momento del contacto, cuando conseguimos entender aquel lugar en el pasado: *"cuando, finalmente, conseguimos rozar los ciclópicos bloques sentimos haber creado unos vínculos sin precedentes, casi blasfemos, con épocas olvidadas y normalmente prohibidas para nuestra especie..."*

"...and when at last we were actually able to touch its weathered Cyclopean blocks, we felt that we had established an unprecedented and almost blasphemous link with forgotten aeons normally closed to our species".

Los lugares y los periodos que contextualizan los hallazgos arqueológicos son, a menudo, tan excepcionales que, en lugares y tiempos de este tipo, la *"imaginación puede concebir casi cualquier cosa"*... Es un claro caso de una imaginación controlada.

En la poética de H. P. Lovecraft resulta fundamental, como ya hemos subrayado, el concepto de tiempo, en relación al pasado y a las ruinas que son testigo del mismo paso del tiempo. La definición de tiempo es, naturalmente, un concepto clave también para la investigación histórica y arqueológica (el mismo concepto de prehistoria contiene una connotación cronológica, véase cap. 4). El protagonista del relato breve *La sombra fuera del tiempo* (*The shadow out of time*), escrito entre noviembre de 1934 y marzo de 1935, admite, desde el principio, haber descubierto poder considerar de una manera muy extraña el paso de épocas y sucesos. El concepto de tiempo, según el protagonista del cuento, es la capacidad de distinguir entre consecutividad y simultaneidad y este mismo concepto parece sutilmente distorsionado, dada la posibilidad de proyectar la mente en la eternidad para conocer el pasado y el futuro. Lo que refleja toda la poética lovecraftiana es la relación, el entrelazamiento de algunos aspectos fundamentales para la comprensión del sujeto en el mundo, es decir, el *sueño*, la *vigilia*, el *presente* y el *pasado*, las *cosas* y el *sujeto* que las experimenta, la *fragmentariedad* y la *integridad*, el *mito*.

Uno de los aspectos más originales y geniales de la poética lovecraftiana es la relación entre sueño y pasado en sentido ontológico, es decir, el hecho de que sustancialmente el pasado está vinculado a los sueños; es como si todo el material onírico confluyera en los acontecimientos del pasado para recrear las partes que faltan, dado que el pasado se presenta en una forma *fragmentaria*. No sería, entonces, el conocimiento del sujeto despierto el que rellena los intersticios espacio-temporales del pasado, sino más bien son sus sueños, el material onírico, que moldea la concepción del pasado del sujeto. La imaginación, la creación de imágenes, si está guiada por Hypnos, es la fuerza principal en la definición del pasado. Lo que sustenta, en la vigilia, la creación del pasado, acontecida gracias al material onírico, es la "fragmentariedad" de las ruinas, el sentido del tacto, que tiene la función de reforzar la unión entre el sujeto que está experimentando el pasado y su condición en el presente... Sueños compuestos por "tiestos", pedazos de vida cotidiana sin relación entre sí, figuras, lecturas, organizadas en nuevas formas fantásticas por los caprichos no controlados del sueño...

> *"Certainly, many persons have dreamed intrinsically stranger things - things compounded of unrelated scraps of daily life, pictures, and reading, and arranged in fantastically novel forms by the unchecked caprices of sleep".*

El sueño reordena la fragmentariedad del pasado a través de un orden original; esto acontece también en el sujeto despierto, de hecho: *"recolectando y juntando la evidencia fragmentaria, antigua y moderna, antropológica y médica"* en la que se mezclan mito y alucinación, se acaba con una visión...

> *"Piecing together the scattered records, ancient and modern, anthropological and medical, I found a fairly consistent mixture of myth and hallucination whose scope and wildness left me utterly dazed. Only one thing consoled me, the fact that the myths were of such early existence...".*

> *"Antes que mi ego despierto hubiera estudiado los casos paralelos o los viejos mitos desde donde los sueños sin duda surgían..."*

> *"...even before my waking self had studied the parallel cases or the old myths from which the dreams doubtless sprang..."*

...en este caso la relación circular es entre el ego, la vigilia, los mitos y los sueños. Los mitos moldean el ego consciente, despierto, que investiga el pasado, pero los sueños del mismo ego consciente son moldeados por los mitos. Los sueños nacen del pasado, de los mitos antiguos, e influyen sobre el sujeto creando de forma activa la idea que el sujeto tiene del pasado.

El pasado es fragmentario, los testigos del pasado, contemporáneos a nosotros, son fragmentarios, pero no menos reales de lo que está completo: *"...entre las ruinas aplastadas por el tiempo había hallado una construcción que se encontraba en su antiguo sitio. Estaba hecha pedazos, pero, no obstante, existía en un sentido bien definido..."*

"For the first time in this aeon-shaken waste I had come upon a mass of masonry in its old position--tumbled and fragmentary, it is true, but none the less existing in a very definite sense".

En el objeto no hay nada que per se determine su antigüedad. El pasado, en los objetos, no es evidente en sí mismo, más bien es el sujeto el que crea el sentido, la idea del pasado confrontándose con el objeto fragmentado o sepultado. En los objetos no hay nada que permita determinar el contexto originario, es necesario entonces el sujeto, su imaginación controlada o, según Lovecraft, su capacidad de visión a través del sueño. Las ruinas, aunque fragmentadas, existen. El sentido del tacto es el sentido que aumenta la profundidad temporal del objeto, creando un espacio entre el objeto-ruina y el sujeto que crea la imagen contextual del pasado.

Estrato 3.
La gran pregunta
planteada por la existencia
(Arqueología y pensamiento antropológico)

*"El arte de Oceanía es simplemente el resultado de
los esfuerzos de hombres y mujeres en la búsqueda de
respuestas a la gran pregunta planteada por su existencia".*
(A. J. P. Meyer, "Oceanic Art", 1995)

En la segunda mitad del siglo XIX la Arqueología de la prehistoria es una ciencia que, aunque todavía en desarrollo, sobre todo por lo que concierne a la metodología y la terminología, goza ya de un amplio reconocimiento académico. Son de este periodo las primeras cátedras universitarias de Arqueología Prehistórica: en Praga en 1850, en París en 1853, en Copenage en 1855, en Roma en 1877, en Berlín en 1856 y en Jena en 1875, mientras que en el mismo París, en 1875, G. De Mortillet ya enseñaba Prehistoria en la escuela de Antropología creada por Poul Broca. De Mortillet, en 1865, proponía la institución de un Congreso Internacional de Antropología y Arqueología Prehistórica y, en 1871, el antropólogo W. Taylor afirmaba, en su obra *Primitive Culture*, que *"la historia y la prehistoria del hombre ya tienen su sitio en el esquema general del conocimiento"*[55].

---

55 Guidi 1988, p. 25.

A finales del siglo XIX y principios del XX se desarrollan algunos estudios fundamentales para la investigación arqueológica de la prehistoria. En 1885, se publica el libro de Montelius, uno de los padres fundadores de la Arqueología prehistórica, *Sur la Cronologie de l'Age du Bronze*, verdadero manifiesto del método tipológico. De 1913 es el artículo de Breuil *Les subdivisions du Paléolithique Superior et leur Significacion* que es punto de partida para la investigación sistemática de los depósitos estratigráficos del Paleolítico, mientras que, un par de años después, se publica el renombrado *Manuel d'Archéologie Préhistorique, Celtíque et Gallo-Romain* del arqueólogo francés Joseph Dechelette. En 1925, en Londres, el editor Kegan Paul publica una de las obras más importantes para la comprensión y el desarrollo de la investigación prehistórica en Europa, *The Dawn of European Civilization*, de V. G. Childe.

El lector de libros de prehistoria de la época se movía dentro de un marco conceptual científico diferente del contemporáneo, ya sea por el nivel de desarrollo de la ciencia misma, o por el ambiente social general a principios del siglo XX. Con estas palabras (estamos en 1928), por ejemplo, M. Hoernes[56], profesor de Arqueología Prehistórica en Viena, introducía al lector en el mundo de la Edad de Piedra:

> *"Los principios de la cultura humana y los primeros actos de nuestro espíritu, cuyo desarrollo origina la Civilización, son desconocidos para nosotros y es probable que la Ciencia jamás logre descorrer por completo el tupido velo que los oculta. La misma oscuridad que envuelve el origen de la especie humana desde el punto de vista material se encuentra al investigar cuáles fueron los principios de la cultura. No obstante, ni en la evolución física ni en la formación espiritual del hombre se puede admitir un acontecimiento brusco, sino que hoy día resulta innegable, a pesar de aquellos obstáculos, que el tránsito del ser inculto al ser inteligente y progresivo se ha efectuado lentamente y a través de una larga evolución, durante la cual se fundaron las bases indestructibles, materiales y espirituales de todas las futuras civilizaciones. [...] Son sólo los restos de una vida en sus grados inferiores que iluminan únicamente las manifestaciones más primitivas de la actividad humana, la que pudiéramos llamar actividad manual, y no ofrecen ninguna otra manifestación de cultura. Sólo los hallazgos y las circunstancias de los mismos, relacionados con los más recientes períodos de dicho tiempo, nos permiten descorrer*

---
56 Hoernes 1928, pp. 7-10.

algo el velo de la vida espiritual de la humanidad de entonces. De la misma manera, si nos dirigimos hacia los modernos pueblos primitivos, de organización social más rudimentaria, que también han de servirnos de auxiliar para nuestra labor, encontramos ya en ellos completamente desarrolladas aquellas bases espirituales y materiales acerca de cuya formación no arroja ninguna luz el estudio de las más antiguas edades".

Un comparativismo tan extremo puede parecer hoy en día fuera de lugar ("... *modernos pueblos primitivos*..."), pero un estilo similar, todavía a principios del siglo XXI, se puede hallar por ejemplo en el título de una colección de artículos antropológicos de una edición especial de la revista National Geographic, publicada en 2003: *Mundos Primitivos, culturas ancestrales en los mares del sur*. Después de un siglo la idea es más o menos la misma: la existencia de mundos primitivos en la Edad Contemporánea. Evidentemente no resulta tan simple sustraerse a la (distorsionada) idea occidental que imagina a algunos pueblos de la Tierra, y sobre todo a los aborígenes australianos, como restos humanos, fósiles culturales vivientes, como islas de vida primitiva en un mundo en constante evolución, como ventanas abiertas al más remoto pasado. La idea de que existan todavía mundos primitivos, formas sociales de vida iguales a las de la prehistoria, significa ver estos pueblos como parados, detenidos, estancados, en una hipotética carrera, o tal vez, paseo, hacia la modernidad en la autopista del progreso.

En su publicación el Profesor Hoernes afirmaba que era interesante conocer tribus que vivían todavía (en su época) en la etapa cultural de la Edad de Piedra, pero avisaba enseguida al lector de que sería incorrecto establecer un paralelismo absoluto entre *pueblos primitivos antiguos* y modernos porque en un caso se trataba de etapas iniciales y en el otro de formas finales de manifestaciones de regresión, y la comparación podría ser sólo condicional.

Con estos ejemplos simplemente queremos subrayar como, no sólo entre el público en general y entre los autodidactas como Lovecraft, sino también en el ambiente académico y arqueológico profesional, a menudo los términos de las cuestiones sobre la interpretación de la prehistoria eran más bien imprecisos y, sobre todo, expuestos a la ideología racial, colonial y del darwinismo social de finales del siglo XIX y principios del siglo XX. Algunas teorías sobre la prehistoria, que hoy en día sabemos no tienen ningún (o poco) fundamento científico y filosófico en aquella época eran aceptadas y compartidas (aunque había claras excepciones) por investigadores y público, por profesionales y autodidactas.

Fantasiosos homínidos

Ya desde los primeros cuentos el tema de la prehistoria y de los hallazgos arqueológicos y paleontológicos constituye una parte esencial de la narrativa de Lovecraft. En 1917, en el relato breve *La Tumba*, nuestro autor utiliza, como ya hemos evidenciado, el término "prehistoria" y en otro cuento, *Dagon*, del mismo año, hace explicitas referencias a unos hallazgos paleo-antropológicos.

Hemos visto en el capítulo 2 como Lovecraft acepta, según leemos en un cuento suyo escrito en 1917, el hallazgo de Piltdown, uno de los fraudes científicos más clamorosos de la historia de la investigación prehistórica.

Se trataba del hallazgo de un cráneo y una mandíbula con aspecto antiguo encontrados en 1911. El cráneo tenía huesos gruesos, pero, por las demás características, tenía un aspecto muy moderno, mientras que la mandíbula tenía una estructura esencialmente simiesca, acentuada, además, por la sínfisis mandibular. Este conjunto (el cráneo con la mandíbula) comenzó a parecer aún más incongruente según nuevos hallazgos fósiles que no confirmaban la exactitud de la extraña anatomía de los restos de Piltdown, hasta que en 1953 fue desenmascarado el fraude. Una de las pruebas decisivas fue la constatación de que el cráneo y la mandíbula contenían concentraciones diferentes de flúor y que ambos contenían una cantidad mucho menor en comparación con los huesos animales asociados que constituían la prueba principal de la elevada antigüedad de aquellos restos. Hoy en día sabemos que el cráneo es el de un hombre moderno y que la mandíbula es la de un orangután[57].

El 18 diciembre de 1912, Charles Dawson, arqueólogo aficionado y Smith Woodward, eminente paleontólogo del Museo Británico de Londres, presentaron a la Sociedad Geológica de la capital inglesa unos restos óseos humanos provenientes de un terreno cuaternario muy antiguo. Enseguida la prensa inglesa tituló en primera página la noticia: *"hallado el Hombre de Piltdown"*. Debería de haber sido el "eslabón perdido" de la evolución humana. Lovecraft escribirá el cuento *Dagon*, donde hace mención del hallazgo, sólo cinco años después.

Poco después de la presentación del hallazgo a la Sociedad Geológica, el mismo Woodward reconstruyó el cráneo y calculó su volumen en 1.070 cm^3, y

---

[57] Para la historia del fraude de Piltdown véase:
http://www.pbs.org/wgbh/nova/hoax/,
http://www.tiac.net/~cri_a/piltdown/piltdown.html,
http://www.clarku.edu/~piltdown/pp_map.html,
http://home.tiac.net/~cri_a/piltdown/piltdown.html,

añadió la mandíbula, la cual tenía un aspecto simiesco. La idea del paleontólogo era que aquel resto debía de haber sido una forma muy primitiva de homínido, una especie representante del "alba de la humanidad" y le dio el nombre de su descubridor: Eoantropo Dawsoni. Ya entonces surgieron numerosas discusiones acerca del hallazgo y de su reconstrucción. Según la reconstrucción hecha por Sir Arthur Keith, un anatomista, el cráneo tenía que tener un volumen mucho mayor (cerca de 1.500 cm^3).

Según los restos arqueólogicos y paleontológicos encontrados en el yacimiento en supuesta asociación con los restos del Hombre de Piltdown, la idea era que el yacimiento de Piltdown debía de remontarse a un momento antiguo del Pleistoceno.

Sucesivamente se fijó el volumen craneal del Hombre de Piltdown en 1.300 cm^3. El hecho más extraño era que la mandíbula asociada al cráneo tenía unas características mucho más simiescas que el cráneo mismo; de hecho el paleontólogo francés Teilhard de Chardin definió el hallazgo como "asociación paradójica".

En 1936 un dentista y arqueólogo aficionado, un tal Alvan T. Marston, pudo demostrar, gracias a sus estudios sobre los hallazgos de Piltdown, que el colmillo de la mandíbula pertenecía a un simio: mientras que la raíz de los colmillos humanos es recta, la de los colmillos de los simios es curva. Como confirmación a su observación, Marston estudió las mandíbulas fósiles halladas en Zhoukoudian, en China, un yacimiento del Paleolítico Inferior (contemporáneo al hipotético Hombre de Piltdown): todos los colmillos de los homínidos de aquel yacimiento tenían raíces rectas. Marston concluyó que la mandíbula de Piltdown debía de pertenecer a un chimpancé (publicó 67 páginas presentándolas al Royal Anthropological Institute of Medecine). Además, Marston hizo notar que el color "chocolate" del cráneo del "Hombre de Piltdown" se debía al hecho de que el hueso fue tratado con una solución de conservante de dicromato, afirmando que el color original de aquel hueso era el gris.

En el otoño del mismo año se manifiestan los primeros síntomas de la enfermedad de Lovecraft y el escritor muere en marzo de 1937, probablemente sin haber podido oír nada de las últimas novedades que estaban desmontando el fraude de Piltdown.

Gracias a las observaciones, las investigaciones y las publicaciones de muchos investigadores, como Oakley, Weiner y Le Gros Clark, en 1953 el fraude fue casi desenmascarado por completo, aunque no quedaron claros ni el autor ni las motivaciones del fraude. El escándalo tuvo una resonancia mundial y el Times tituló: *"El Hombre de Piltdown fue el primer ser humano en utilizar dientes postizos"*.

Lovecraft absorbió y reelaboró la noticia del descubrimiento del Hombre de Piltdown por lo menos en 1917, año en el que escribió el cuento donde hace referencia al hallazgo, y como la mayoría de sus contemporáneos (y algunos también del mundo de la ciencia) creyó en la existencia del Hombre de Piltdown. Pero ¿qué es lo que implicaba la aceptación de la existencia de aquel fantástico homínido?

La aceptación del fraude de Piltdown se basaba en la equivocada concepción de la idea de evolución humana, y en los prejuicios que entonces se insinuaban también entre los científicos. ¿Por qué, con el fin de perpetuar el fraude, alguien creó una quimera de aquel tipo, uniendo el cráneo de un hombre anatómicamente moderno con la mandíbula de un simio? Y ¿por qué el fraude fue enseguida aceptado (aunque no por todos los científicos de la época)?

A principios del siglo XX, para la mayoría del público, la idea de evolución aplicada al ser humano era todavía difícil de comprender y aceptar. Si el ser humano hubiera efectivamente evolucionado desde un ancestro común a todos los primates, entonces (según la visión de la época) se pensaba que los aspectos evolutivos más importantes de distinción entre el ser humano y los demás primates eran el cerebro y el gran tamaño de la bóveda craneal (evidenciada por los restos fósiles). Se creía que eran el tamaño del cerebro y la mayor inteligencia las características que tenían que marcar la diferencia entre la línea evolutiva del hombre y la de los simios. Sin embargo, gracias a los primeros hallazgos de restos fósiles, se estaban evidenciando otros aspectos fundamentales para la definición del ser humano bajo una perspectiva evolutiva. Una de estas características era el bipedismo. Los homínidos que constituían el linaje evolutivo del ser humano (sus antepasados directos), según los restos fósiles encontrados, habían sido bípedos antes que inteligentes. Se encontraban restos fósiles de huesos que delineaban esqueletos de seres bípedos pero con un pequeño cerebro. La facultad de andar sobre dos pies (característica del ser humano) y no a cuatro patas, tenía que haberse desarrollado antes de que el cerebro asumiese dimensiones humanas modernas (véase, por ejemplo, la anatomía del "niño da Taung" o las "Huellas de Laetoli")

Parece normal entonces que en la época en que escribe Lovecraft, a principios del siglo XX, el escritor aceptase el descubrimiento de Piltdown. Si volvemos al cuento, nos parece, de todas formas, aproximativa la relación temporal que el escritor de Providence establece entre Neandertales, el Hombre de Piltdown y la antigua civilización de Dagon dado que, como término de relación cronológica, el hipotético Hombre de Piltdown y los Neandertales no debían ser contemporáneos, sino que el primero debía ser mucho más antiguo que un Neanderthal, si no no se explicaría el sentido del fraude.

Civilización blanca en el continente negro

En el cuento *Arthur Jermyn*, de 1920, Lovecraft imagina una civilización blanca en el corazón negro de África: en el Congo.

> *"En una época de la razón como el siglo XVIII, era una temeridad que un hombre de ciencias hablara de visiones insensatas y paisajes extraños bajo la luna del Congo. De gigantescas murallas y pilares de una ciudad olvidada, en ruinas e invadida por la vegetación, y de húmedas y secretas escalinatas que descienden interminablemente a la oscuridad de criptas abismales y catacumbas inconcebibles."*

> *"In a rational age like the eighteenth century it was unwise for a man of learning to talk about wild sights and strange scenes under a Congo moon; of the gigantic walls and pillars of a forgotten city, crumbling and vine-grown, and of damp, silent, stone steps leading interminably down into the darkness of abysmal treasure-vaults and inconceivable catacombs".*

Sesenta años después, en 1980, ve la luz un libro, escrito por un autor ya famoso en todo el mundo. Aquella novela se llama *Congo* y su autor es Michael Crichton. Cien años después de las aventuras de la familia de los Jarmyn...

> *"El alba llegó a la selva ecuatorial del Congo. El sol pálido disipó el frío de la mañana y la bruma húmeda, revelando un mundo silencioso y gigantesco. Árboles enormes, con troncos de más de diez metros de diámetro, se elevaban hasta setenta metros de altura y allí extendían su denso palio de follaje, ocultando el cielo y goteando constantemente. Cortinas de musgo gris, enredaderas y lianas colgaban enmarañadas de los árboles; orquídeas parásitas brotaban de los troncos. Los helechos gigantescos, brillantes de humedad [...] aquí y allá había una nota de color [...]. la impresión general, sin embargo, era la de un vasto mundo grís verdoso, de tamaño exagerado, un lugar extraño, inhóspito para el hombre"*[58].

---

58 M. Crichton 2003, Congo, Random House Mondadori, Barcelona, p. 13.

El hombre occidental, casi un siglo después de Lovecraft, todavía se confronta con un mundo que aparentemente no es el suyo, con un mundo inhóspito y extraño. La selva sigue idéntica, pero la perspectiva "arqueológica" ha cambiado:

> *"La mañana del 21 de junio la entrada en la Ciudad Perdida de Zinj se llevó a cabo sin el misterio ni el romance de los informes de viajes similares del siglo XIX. Estos exploradores del siglo XX sudaban y gruñían [...]. Sólo estaban interesados en los diamantes. Schliemann sólo estaba interesado en el oro cuando excavó Troya y le dedicó tres años. Ross [la jefa de la expedición, nda] esperaba encontrar los diamantes en tres días."*

Volvamos al cuento de Lovecraft: un cocktail literario de arqueología, etnografía, y exploraciones, enmarcado por la idea de la (supuesta) superioridad de los "blancos" sobre los pueblos del África ecuatorial. Este tipo de "teorización" literaria sobre el racismo no representa, de todas formas, un grano de arena en el desierto. El mismo *Corazón de las Tinieblas*, una de las aventuras mejor escritas sobre la colonización europea del Congo, ha sido sometido a críticas poscolonialistas[59].

La mítica, ancestral, arcaica civilización blanca en el África ecuatorial imaginada por Lovecraft, no es nada más, nos parece, que la transposición literaria de lo que en realidad era el "caso" del *Great Zimbabwe* (el Gran Zimbabwe), en el homónimo Estado de África meridional, es decir, uno de los ejemplos más significativos de la mentalidad colonialista de la arqueología que se estaba desarrollando en África (como en Europa y en los Estados Unidos) en aquella época. La divinidad blanca a la que los pueblos negros rezan en ciudades en ruinas en medio de la selva, según la imaginación de nuestro autor, es, probablemente, la transposición en un plano divino de la superioridad "natural" de los blancos-colonizadores sobre los negros-colonizados percibida en aquel período.

A pesar de que hoy pueda parecer algo absurdo imaginar una antigua y desaparecida "civilización blanca en el Congo", en 1920, la idea no parecía tan estrafalaria. Paralelamente a lo que en Estado Unidos estaba pasando con el caso arqueológico de los Constructores de Túmulos (véase cap. 4), en el África subsahariana se estaba desarrollando el "mito del Gran Zimbabwe". Ya los

---

[59] Sobre la época Victoriana, escritores, sociedad e ideología véase: http://www.victorianweb.org/index.html. Conrad 2000, Introduzione, pp. V-XLI. Véase también: http://caxton.stockton.edu/hod/ y http://www.findarticles.com/p/articles/mi_m2342/is_n3_v30/ai_19793588.

primeros exploradores europeos que estudiaron este monumento, una ciudad de piedra construida entre el siglo XI y XV d. C. en el corazón de lo que hoy es el Estado de Zimbabwe, llegaron a la conclusión de que se trataba de una prueba de una *colonización prehistórica blanca* en el África del sur[60].

Noticias legendarias sobre ciudades de piedra en el interior de África meridional se habían difundido ya en los siglos XVII y XVIII entre los colonos europeos, portugueses y holandeses, noticias éstas que muy a menudo asociaban aquellas ruinas con los restos de las ciudades construidas por el rey Salomón.

En 1869 fue publicado el cuento de H. M. Walmsley *The ruines cities of Zululand* y en 1871, Carl Mauch, un joven geólogo alemán, primer europeo en pisar el suelo del Gran Zimbabwe, afirmó que la construcción era el palacio de la reina de Saba (de la cual no se conoce el nombre pero se dice, en la Biblia, que ella misma salió en búsqueda del Reino de Salomón llevando consigo oro y regalos de valor y que, una vez encontrado el sabio rey, éste le regaló a la reina riquezas de gran valor).

En seguida, el Gran Zimbabwe se convirtió en el símbolo de la legitimidad de la colonización europea del África subecuatorial, vista como la difusión de la raza blanca que volvía a la tierra donde había reinado desde sus orígenes. También en el caso africano, como en Estado Unidos y en Europa, el más antiguo pasado, la prehistoria, era utilizado como reivindicación política y colonial; algunos tipos de interpretaciones de la prehistoria estaban planteadas con el fin de legitimar la conquista, la colonización y el racismo. Como suele decirse en arqueología: la evidencia arqueológica (sobre todo en prehistoria) es "muda" en ausencia de una interpretación que la haga comprensible.

T. Bente en 1882 sacaba la conclusión de que las ruinas de Zimbabwe fueron construidas por "una raza del norte" proveniente de Arabia en tiempos bíblicos, mientras que otras interpretaciones sucesivas perpetuaron el mito de que los constructores fuesen del norte, como por ejemplo los Fenicios, según la "teoría" de Richard Hall. La idea del origen no africano, o no autóctono, de la ruinas de la África subsahariana estaba fundamentada, como en el caso de "los Constructores de Túmulos", en la idea de la inferioridad de los pueblos que en la época vivían en los alrededores de las ruinas en comparación con los supuestos constructores originarios del mismo monumento. Los túmulos encontrados en 1776 en Sudáfrica por A. Sparman, por ejemplo, eran la prueba irrefutable de la existencia de un pueblo más fuerte y numeroso que había

---

60 Trigger 1992, p. 128-131.

vivido en la zona antes de que hubiese sido degradado a la raza actual de los bosquimanos y otros salvajes.

Fue sólo con R. McIver y, unos años más tarde en 1929, con Gertrude Caton Thompson, cuando se pudo definitivamente demostrar que las ruinas del Gran Zimbabwe eran de origen bantú. A pesar de esto, los prejuicios, las incomprensiones, las publicaciones pseudocientíficas y propagandísticas sobre el tema y las reinterpretaciones con matices racistas de este monumento y del pasado del África meridional no se extinguieron hasta los años '70 y hasta la independencia de Zimbabwe en 1980.

La arqueología de principios del siglo XX, gracias (o a causa) de la enorme cantidad de novedades arqueológicas provenientes de todos los rincones del planeta, era una "ciencia" sustancialmente catalogadora y descriptiva en comparación con lo que es hoy en día, encontrándose ahora en su fase más interpretativa. Entonces el marco interpretativo antropológico (diríamos, filosófico) se estaba dirigiendo hacia una concepción racista, colonialista y nacionalista tanto del mundo como de su evolución social y de la arqueología (como estudio de las sociedades del pasado).

El mismo Lovecraft, con su relato breve *Arthur Jermyn*, no se aleja de la visión del mundo compartida tanto por los ambientes científicos como por el público en general, tanto en Europa como en los Estados Unidos (aunque había excepciones). Existía la necesidad de justificar, bajo el perfil intelectual, la dominación y explotación económica de otros pueblos, su reducción a la esclavitud, su supuesta inferioridad cultural y psicológica. Podríamos decir, sin con esto intentar encontrar una absolución histórica, que esta justificación intelectual estaba en la base de una búsqueda, más o menos consciente, de un sentido del mundo, de un sentido del progreso y de la prehistoria, a menudo vista como antecedente del progreso mismo o como infancia del Hombre (véase cap. 4).

De todas formas, hay que subrayar el hecho de que, ya en la primera mitad del siglo pasado, a pesar de las presiones sociales con el objetivo de distorsionar el pasado, los avances de las técnicas arqueológicas como método de resolución de cuestiones históricas, habían alcanzado un punto en el que se hallaron en condiciones de, en manos de arqueólogos profesionales, contrarrestar esas presiones sociales y evitar esa distorsión[61].

El tema del racismo, es decir, la idea de que una raza es naturalmente superior a las otras, y que las demás razas siguen un orden descendente, según

---

[61] Trigger1992, p. 132.

una escala de inferioridad, se hallaba también en el centro del mundo académico, científico en general y arqueológico en particular, en la primera mitad del siglo XX. El "dogma", o "fe", o "religión" del racismo, como los definió el renombrado arqueólogo galés Glyn Daniel, aunque no son objeto de investigación científica, a menudo fueron utilizados como estructura conceptual para la organización de los datos arqueológicos tanto en Estados Unidos como en Europa.

La idea, compartida por muchos arqueólogos[62], de que un específico conjunto de restos arqueológicos fuera relacionado con una determinada raza, acabó por distorsionar la misma evidencia arqueológica. El racismo se difundió con relativa rapidez en el ambiente arqueológico, tanto en el mundo académico como en los ambientes más abiertos al público, también porque una gran parte de la prehistoria es difícil e insatisfactoria, tortuosamente descarnada y apenas esbozada, mientras que la doctrina cómoda y confortable, *"para quien ha sido definido como superior"*, del racismo era un agradable (también políticamente) y simplista patrón que sistematizaba los datos arqueológicos. La arqueología prehistórica permitía entonces hallar los más antiguos testigos de la existencia de diferentes culturas y razas humanas y demostrar la natural e histórica superioridad de una en particular entre todas[63].

No hay que olvidar que los arqueólogos hacen parte de este mundo, aunque sus investigaciones tienen que ver, aparentemente, con otros mundos. De esta sociedad, los arqueólogos pueden también compartir las ideas políticas, sociales, o económicas por equivocadas que puedan parecer según las críticas de investigadores sucesivos. Los arqueólogos trabajan, investigan y viven en el entorno social de su época y sería absurdo intentar, a causa del objeto prehistórico de sus investigaciones, situarlos fuera de tal contexto, como, sin embargo, hace hoy en día una cierta retórica política, económica, cinematográfica y popular.

Si en Europa se leían los escritos del Conde de Gobineau, de Chamberlain y se seguía el marco arqueológico racista de Gustav Kossinna[64], en los Estados Unidos, en 1917, se publicaba uno de los libros fundamentales para la difusión de las ideas racistas en América, *The passign of the Great Race*, de Madison Grant. En el prefacio de este libro, H. F. Osborne, en aquella época decano de la antropología y de la arqueología en Estados Unidos, afirmaba

---

62 Desde la visión racista de Kossinna hasta la interpretación arqueológica de Childe (véase por ejemplo su libro *The Bronze Age*, de 1930).
63 B. Arnold 1990 (The past as propaganda: totalitarian archaeology in Nazi Germany, *Antiquity*, vol. 64, n. 244, pp. 464-478); M. Diaz-Andreu y T. Champion (eds.) 1996.
64 Véase, por ejemplo, el ensayo de M. A. Fernández Götz en http://www.ucm.es/info/arqueoweb/pdf/11/gotz.pdf

que América tenía que impedir la gradual desaparición, entre sus gentes, de aquellos rasgos hereditarios a través de los cuales se afirmaban los principios de sus instituciones religiosas, políticas y sociales y tenía que parar su insidiosa sustitución por rasgos menos nobles[65].

Lovecraft, como la mayoría del público de la época, podía sacar interpretaciones con matices racistas sobre el más antiguo pasado del hombre también del mismo ambiente científico y académico de la arqueología. Según estas interpretaciones, en la evidencia arqueológica (y, entonces, en la prehistoria misma) estaba la prueba de la superioridad de una cultura, de una raza en particular, y el análisis (distorsionado) de las sucesiones estratigráficas de los yacimientos arqueológicos demostraba la evolución y el desarrollo de aquella cultura asociada a una raza superior. En Europa, por ejemplo, a través de la distorsión de la interpretación de la evidencia arqueológica, algunos investigadores intentaron remontar la "cultura" germánica, luego la "raza" germánica, hasta el Neolítico, mucho más allá del concepto mismo de germanos trasmitido por la historiografía de Cornelio Tácito y César y mucho más allá del periodo de formación de las diversidades tribales en la Europa Continental a lo largo de los últimos siglos antes de nuestra Era[66].

Ya desde principio del siglo XX había en el mundo académico fuertes opositores a estas ideas de origen racista. El antropólogo F. Boas sostenía que:

"...un problema como el ario no existe, pues está en relación con la historia de los idiomas arios; y tanto el asunto de que un determinado pueblo genéticamente homogéneo debe haber sido el portador de este idioma a lo largo de la historia, como el otro asunto, el que un cierto tipo de cultura debe haber siempre pertenecido a los pueblos de lengua aria, son puramente arbitrarios y no de acuerdo con los hechos observados"[67].

Los años de actividad literaria de Lovecraft coinciden, como ya hemos subrayado, con uno de los períodos más fecundos para los descubrimientos arqueológicos, periodo que corresponde, siendo en parte el producto, a la cumbre de la época de la colonización del planeta (1870-1930) por parte de las potencias imperiales europeas, sobre todo, aunque no sólo[68], por parte del Imperio Británico de la última fase victoriana y del Imperio Francés.

---

65 Véase Daniel 1968, p. 126.
66 Todd 1987.
67 Boas 1995, p. 124.
68 Por ejemplo, para una visión crítica del colonialismo italiano en Africa véase: Labanca 2002 y Del Boca 2002.

El Congo, según la imaginación de Lovecraft, terreno de las aventuras de la familia de los Jermyn, era dominio de Bélgica. Desde 1908 este territorio pasó a ser dominio privado del Reino de Bélgica y cambió el nombre pero no la esencia. Nos parece interesante notar cómo para el rey Leopoldo, según las palabras de N. Ascherson[69], el colonialismo significaba *"la ciencia muy limitada"* de servirse de pueblos tecnológicamente menos desarrollados *"para producir riqueza a través de los recursos naturales de su país"*, habiéndose dado cuenta de cómo el trabajo de los esclavos de las colonias era mucho más económico que el trabajo retribuido.

En septiembre de 1876 Leopoldo inaugura el congreso, organizado por él, sobre la Exploración de África, ocasión ésta para dar comienzo a la "cruzada moral" y enmascarar la ocupación militar y la explotación de las colonias con la ideología de la aculturación de los pueblos inferiores y menos desarrollados:

> *"Abrir a la civilización la única parte de nuestro planeta [el Congo, nda] donde aquélla no haya todavía llegado, penetrar las tinieblas que envuelven pueblos enteros, es una cruzada digna de este siglo de progreso"*[70].

Empezó entonces la colonización de la cuenca del Congo. No toda la zona fue ocupada por los belgas. Lo que hoy es la República de Congo, más de 300.000 km2 de territorio ecuatorial y el Gabón, cayeron en manos de los franceses. El dominio francés sobre este territorio fue establecido en 1870 con el tratado Brazza-Makoko y gracias a la anterior expedición encabezada por el mismo Pierre Savorgnan de Brazza, un explorador con orígenes italianos que trabajaba para París[71].

Como Gran Bretaña, Francia y Bélgica, también Alemania "tenía la necesidad" de una expansión territorial y económica. En 1883, los alemanes se asientan en Namibia y un año después extienden su control a Togo, Camerún, Tanzania y Rwanda-Burundi.

El 28 de julio de 1885, el ex primer ministro francés declara en la Asamblea Nacional en París: *"yo repito que hay un derecho para las razas superiores porque ellas tienen un deber. Tienen el derecho de civilizar a las razas inferiores"*[72]. No se podía parar el proceso civilizador, y el sistema colonial

---

69 En Conrad 2000, p. XVIII.
70 Conrad 2000, p. XVIII.
71 Para conocer a este excéntrico explorador, véase, por ejemplo: http://www.brazza.culture.fr/it/index.html
72 VV. AA. 2006, p. 12.

europeo debía "a toda costa" arrojar su luz sobre las tinieblas entre las cuales vivían los pueblos africanos, sobre todo, nos parece, si aquellas tinieblas ocultaban recursos naturales y mano de obra gratuita. En 1889 fue creada, en Francia, la *Ecole Coloniale* (la Escuela Colonial), que tenía como objetivo la formación de administradores y magistrados destinados a servir en las colonias. El año después, fue creado el *Comité de l'Afrique Française* (el Comité del África Francesa) para la organización de exploraciones y misiones de conquista en el continente africano.

También Italia, siguiendo el rastro de las grandes potencias europeas, intentará crear su propio imperio, soñando la gloria del antiguo Impero Romano, creando las colonias de África Oriental, Eritrea y Somalia (sucesivamente añadirá Etiopía) y la de Libia[73].

Las ideas coloniales, los prejuicios racistas y el fervor nacionalista no sólo se insinuaban en la narrativa de Lovecraft, también en la literatura de aventura (como por ejemplo en los cuentos de Kipling) o en la arqueología de principios del siglo XX. También impregnaban estratos sociales enteros, definiendo su visión del mundo, del progreso y dando sentido a sus vidas, dando "orden" al caos de la existencia. No sólo para nuestro escritor, también para muchos europeos de cultura media de principios del siglo XX, el continente africano, como afirmaba el etnólogo alemán Leo Frobenius, era *"un País desolado, el continente de la fiebre, lugar de aventureros y misioneros. Y sus indígenas, bárbaros semi-bestiales, raza de esclavos, pueblo de salvajes y depravados, que produjo sólo fetichismo y poco más [...]. La imagen del "bárbaro negro" es una creación europea y su herencia ha dominado a Europa hasta los principios de este siglo [el XX, nda]"*[74].

En 1928, el inspector de la Academia y el Comité para la Propaganda Colonial del Aube, Francia, propusieron a los niños de entre 12 y 15 años un concurso con el título: *"Imaginad un diálogo entre dos amigos, uno contrario a la idea colonial y uno a favor; exponed, en forma de conversación, las dos tesis y concluid con una defensa motivada de la idea colonial"*[75].

¡Troya y Stonehenge... cómo no!

Uno de los más valientes personajes creados por la imaginación de Lovecraft es aquel Sir William Brinton, que ya hemos visto aventurarse hacia lo ignoto entre los cimientos de la mansión de los De la Poer, en el relato breve *Las*

---

73 Del Boca 2002 y Labanca 2002.
74 en Del Boca 2002, p. 4.
75 S. Lemaire 2006, "La colonisation contée aux enfants" en AA.VV., p. 15.

ratas en las paredes, de 1923 (véase cap. 1). Nuestro autor nos presenta a Sir Brinton como un arqueólogo con mucho renombre gracias a sus excavaciones en la zona de Troya. No tenemos una imagen detallada del personaje, pero sólo nombrar sus excavaciones en la ciudad de Príamo parece suficiente para definir su prestigioso *curriculum vitae*. ¿En que consistía este prestigio a principios del siglo XX?

En abril de 1870, H. Schliemann empezó sus excavaciones en Troya con un centenar de obreros a su disposición. Después de poco tiempo se habría materializado el cuento del "joven pobre"[76], la aventura de un joven mendigo alemán, nacido a principios del siglo XIX, que acabará sacando a la luz y revelando a todo el mundo, la mítica Ilión, la Troya descrita por Homero, aquella que fue la rica ciudad que los Aqueos consiguieron conquistar tras 10 años de sitio y gracias a la astucia de Ulises, rey de Ítaca.

La leyenda de Troya se remonta hasta el Medievo, cuando los relatos de los caballeros del siglo XII y XIII hacían referencias a testigos de la caída de la ciudad, como el cretense Diktys (siglos I-III d. C.) y el frigio Dares (siglos II-V d. C.). Francos, Burgundios, Normandos, Bretones y hasta Turcos, como signo de prestigio y grandeza, remontaban sus orígenes, como los mismos Romanos, a los Troyanos. Los Francos de Carlos Magno, como poder político dominante en la Europa Medieval, aprovecharon la leyenda de sus orígenes troyanos de forma muy útil. Los caballeros de la IV cruzada se sentían, según las palabras de Pedro de Bracheux, descendientes de los héroes troyanos. El mismo sultán Mehmet II Fatih pensaba de la misma forma cuando visitó, en 1462, el sitio de Troya y los túmulos funerarios de la llanura a su alrededor.

La mayoría de los filólogos clásicos del siglo XIX y de principios del siglo XX pensaban que el contenido de la épica homérica era "pura ficción" literaria y empezaron a discutir aquel tema a través del más atento y puntilloso análisis filológico. En algunos momentos, hasta el mismo Homero parecía nunca haber existido. Los viajeros, ya desde los siglos XVII y XVIII intentaban identificar la geografía homérica, para ellos tan familiar desde el periodo de su juventud y su educación. Se identificaban los lugares, las islas, las montañas, los ríos y se imaginaba la ubicación de la ciudadela amurallada de Príamo, indicando muy a menudo el sitio de Bounarbashi, "*Ilium vetus*" (la antigua Ilión), ocho kilómetros más al sur de Hissarlik, donde efectivamente se encontraba la ciudad de Troya y donde entonces se pensaba que estaba "*Ilium novum*" o "*Ilium recens*", es decir, la nueva Troya, la más reciente.

---

[76] Ceram 1995, pp. 31-44.

En 1863 el inglés Frank Calvert empezó a excavar el túmulo de Hissarlik, seguido ocho años después por Schliemann, ambos guiados por Homero.

Prácticamente todo lo que encontraron tanto Schliemann, como W. Dörpfeld (quien ayudó al mercader alemán en la exhumación de la ciudad del Egeo) en sus excavaciones entre 1871 y 1894 tiene una antigüedad que "pre-data" cualquier nombre literario conocido a través de la épica homérica. Sus resultados fueron muy interesantes pero lo que los dos arqueólogos sacaron a la luz era mucho más antiguo que el periodo al cual se hacía remontar la Troya homérica, es decir, el siglo XIII a. C. Los diferentes "tesoros" hallados por Schliemann son, como hoy en día sabemos, cerca de 1250 años más antiguos, respecto al periodo de Príamo, Héctor y Helena.

Tras una previa inspección, las excavaciones empezaron en 1871 y no acabaron hasta el '94, hasta el '90 bajo la dirección de H. Schliemann y después de W. Dörpfeld.

Bajo el punto de vista contemporáneo, las críticas hechas a Schliemann son justificadas, pues él era más bien un cazatesoros arqueológicos excavados de forma ilegal. En aquella época, cuando las técnicas de excavación arqueológica estaban todavía en un periodo de desarrollo, los trabajos en Troya *rompieron un terreno virgen*. El problema fue que al principio contextos arqueológicos enteros no fueron reconocidos o fueron destruidos, aunque de manera no intencionada. Pronto Schliemann aprendió a excavar: a separar los estratos y a distinguirlos a partir de la cerámica presente en ellos. Calvert, Dörpfeld, Virchow y otros tomaron parte en las excavaciones y contribuyeron con sus conocimientos. Los estratos reconocidos en Hissarlik fueron numerados, según las observaciones de Dörpfeld, del I hasta el IX, desde abajo hacia arriba. Gracias a excavaciones sucesivas y a las modernas técnicas de excavación arqueológica hoy en día se reconocen 46 estratos o fases constructivas[77].

Existe otro lugar, igualmente especial, que supo estimular la imaginación de muchos escritores, arqueólogos y del público en general: Stonehenge. A diferencia de la ciudad descrita por Homero, Stonehenge tuvo que esperar unos cuantos años más para que la comunidad científica pudiera resolver "el enigma" de su construcción, de su evolución arquitectónica y de su antigüedad. El mismo Lovecraft siente el "atractivo indiscreto" de la construcción circular de la llanura de Salisbury. Cita el monumento por lo menos un par de veces en sus cuentos y probablemente es inspirado por él cuando imagina aquellos círculos de piedra en las colinas, testigos de varios rituales salvajes de las tribus

---

77 Korfmann 2001. Véase también http://www.uni-tuebingen.de/troia/

extrañas que animaron su narrativa y desafiaron a los personajes creados por nuestro escritor.

Aunque el escritor de Providence tiene una imagen bastante clara del aspecto del monumento, no tiene mucha idea de su antigüedad y significado. De hecho, a principios del siglo XX era todavía difícil pensar en términos correctos el desarrollo arquitectónico y la historia de aquella grandiosa estructura lítica.

Exham Priory, la mansión de la familia del protagonista del cuento *Las ratas en las paredes*, escrito a principios de los años veinte, surgía *"en el lugar de un templo prehistórico, una construcción druídica o predruídica contemporánea a Stonehenge"*.

"...the site of a prehistoric temple; a Druidical or ante-Druidical thing which must have been contemporary with Stonehenge".

Lovecraft no consigue fijar en el tiempo la construcción de Stonehenge, no sabe si era una estructura utilizada por druidas, de la Edad de Hierro inglés (el periodo céltico, segunda mitad del I milenio a. C.) o que se remontaba a un periodo anterior, predruídico.

La idea según la cual unos druidas tuvieron algo que ver en la construcción de Stonehenge, como de otros monumentos líticos ingleses, no es original de Lovecraft, aunque hoy en día pueda parecer muy fantástica. Ya en la segunda mitad del siglo XVII, John Aubrey, quien descubrió el gran círculo de piedra de Avebury, no muy lejos del mismo Stonehenge, sugirió a los druidas como los constructores de estos dos monumentos considerados como templos. Como afirma Glyn Daniel, ésta sería la explicación más popular de la prehistoria de Gran Bretaña en el periodo que él define como "prearqueológico", es decir, hasta la mitad del siglo XIX[78].

En 1620 I. Jones afirmó que Stonehenge era un templo romano; tres años más tarde, Carleton sostenía que fueron los daneses los constructores de aquella estructura. Webb "restituyó" el monumento a los Romanos, mientras que Twyne y Sammes creían que era fenicio; el obispo Nicholson pensaba que era sajón y Bolton hizo de él la tumba de Boadicea, la heroína de la resistencia de los Bretones contra la conquista romana de Bretania. Fue con Aubrey, como hemos dicho, cuando se fijó la idea de la construcción del monumento por parte de los druidas. También el Doctor Plot, historiador de Staffordshire y primer encargado del Ashmolean Museum, creía en los druidas, como el mismo Toland, autor de una historia sobre estos sacerdotes-jueces.

---

78   Daniel 1968, p. 15.

La "teoría druídica" continuó durante el siglo siguiente tanto que William Stukeley, uno de los primeros investigadores de Stonehenge, aceptó por completo la explicación de Aubrey acerca de la construcción del monumento de la llanura de Salisbury y, aunque sus estudios científicos sobre Avebury y Stonehenge fueron, y todavía son, de los más precisos por lo que concierne a los dos círculos de piedra, su "fe" hizo que aumentara la que podemos definir como "druidomanía" a lo largo de los siglos XVIII y XIX[79].

Por "época druídica" se entendía la época anterior a la invasión romana de Bretaña, en el siglo I a. C. Fue el mismo Julio César el que nombró primero a los druidas, definiéndolos como una casta de sacerdotes de los britanos. Con esta definición se establecía un vínculo cronológico, aunque muy aproximativo, para la construcción de Stonehenge. Se afirmaba, por lo menos, que el monumento no era medieval ni romano, más bien preromano, es decir, construido por aquellos druidas ya presentes en la isla antes de la llegada de las legiones romanas. No se sabía cuántos años era más antiguo, pero, a principio del siglo XX, ya había alguien que empezaba a dar una más precisa y sólida profundidad cronológica a Stonehenge. Aunque fuera un seguidor de la idea de los orígenes druídicos del monumento y aunque pensara que se trataba de un templo, Sir Norman Lockyer, contemporáneo de Lovecraft, en 1901, gracias a sus cálculos astronómicos, databa la erección de los trilitos entre 1900 y 1500 años antes de Jesucristo, una fecha mucho más antigua que el periodo druídico histórico, fijado por César. En el mismo periodo Gowland empezó una campaña de excavaciones a Stonehenge, así como el coronel Hawley y R. J. Newall. En 1923 el Doctor Thomas demostró la proveniencia no autóctona de las piedras que constituían el anillo del monumento y estableció, como su posible lugar de origen, la zona de Milford Haven, en el sur de País de Gales.

Aún así, fueron las excavaciones dirigidas por el Profesor Stuart Piggot, ya en los años '50 del siglo XX, las que revolucionaron las ideas hasta entonces compartidas sobre Stonehenge; él dio una visión correcta de la cronología y evolución del monumento (desde su primera construcción en el Neolítico, hasta su última modificación y uso, en la Edad del Bronce) a lo largo de la prehistoria de Gran Bretaña. Podemos entonces entender la desorientación de Lovecraft en su intento de datación de algo contemporáneo o anterior a Stonehenge.

Evolución e "in-volución"

"Pesadillas abismales ahogadas con los restos de pitecántropos, Celtas, Romanos..." (*La ratas en las paredes*)

---

[79] Bibby 1960, p. 326.

"...nightmare chasms choked with the pithecanthropoid, Celtic, Roman...".

Notamos una especie de vacío en el prehistoria relatada por Lovecraft: no hay nada entre los pitencántropos (es decir, Paleolítico Inferior) y los Celtas y los Romanos (que son contemporáneos a finales del I milenio a. C.) es un vacío de miles de años.

En este hiato sólo hay unos "cráneos con un tipo de sensibilidad desarrollada por completo"...

"...skulls of supremely and sensitively developed types...".

Lovecraft habla de sensibilidad y no de capacidad craneal, conformándose con la aceptación del "Hombre de Piltdown". Si hay evolución entre Piltdown, Neandertales y nosotros debe ser una evolución de sensibilidad más que de tamaño cerebral dado que no hay casi diferencia, si aceptamos las pruebas paleontológicas del fraude, entre un cráneo del "Hombre de Piltdown", de un Neandertal y el nuestro (Homo sapiens).

Si hay evolución, se trata de una evolución hacia arriba, hacia nosotros que somos vistos como la cumbre de la escalera evolutiva tanto según Lovecraft, como según la opinión común de la época (y parte de la opinión común de hoy en día). Nuestro escritor habla de niveles evolutivos inferiores y peldaños superiores: la evolución humana es una suerte de escalera...

"...in the scale of evolution..."

...constituida por peldaños, niveles, grados, y a cada peldaño le corresponde un estado evolutivo, desde el más bajo, el inferior, hasta el más alto, el superior...

"...mostly lower than...many were of higher grade...".

También en *El horror de Dunwich* (1928) se repite la idea de la evolución humana pensada como una escalera. Siendo la evolución una escalera con unos peldaños, o niveles, que van desde abajo hacia arriba, de lo peor a lo mejor, Lovecraft atisba la idea de recorrer al revés esta escalera para conseguir el efecto de aberración de un individuo o de un grupo de individuos. Describiendo a los ciudadanos del pueblo de Dunwich, Lovecraft afirma que aquéllos han alcanzado un estado de repugnante decadencia pues han ido demasiado lejos en su camino en la regresión...

"...the natives are now repellently decadent, having gone far along that path of retrogression..."

...¡El camino de la regresión! También en este caso el escritor de Nueva Inglaterra adapta, en su mundo de lo fantástico, unas ideas compartidas por unos cuantos científicos. El mismo Darwin en *The descent of man* (*El origen del Hombre*), publicado en 1871, describe la evolución de las facultades intelectuales y morales del ser humano a lo largo de la evolución biológica pasando a través del estado salvaje, bárbaro y civilizado:

> *"Las principales causas de la poca moralidad de los salvajes, apreciada bajo nuestro punto de vista, son, primero, la limitación de la simpatía a la sola tribu; segundo, una insuficiente fuerza de raciocinio, que no permite calcular la trascendencia que puede tener para el bien general de la tribu el ejercicio de muchas virtudes, sobre todo de las individuales. Los salvajes no pueden formarse una idea de la infinidad de males que produce la intemperancia, el libertinaje, etc. Tercero, un débil poder sobre sí mismo, ya que esta aptitud no ha sido fortalecida en ellos por la acción continuada, y tal vez hereditaria, del hábito, la instrucción y la religión [...]. La simpatía que traspasa los límites de lo que nos inspira el hombre, es decir la compasión por los animales, parece ser una de las adquisiciones morales más recientes, compasión que desconocen los salvajes, excepción la que sienten por sus animales favoritos".*

Además de la idea de mejora y progreso, se afirma también la idea de elevación de los seres humanos a lo largo de la evolución biológica hacia la civilización y el éxito histórico:

> *"Es difícil determinar, sin embargo, por qué una tribu dada habrá logrado elevarse, con preferencia a otra, en la escala de la civilización. Muchos salvajes se encuentran en las mismas condiciones en que se hallaban cuando se descubrió su país hace algunos siglos. [...] En muchos casos las razas antiguas presentan, en ciertas conformaciones, mayores semejanzas con las de los animales más inferiores, que las razas modernas, lo cual no deja de ser interesante. Una de las causas más principales de ello puede consistir en que las razas antiguas, en la larga línea de la descendencia, se encuentran algo más próximas que las modernas a sus antecesores primordiales, menos distintos de los animales por su conformación".*

Estas "razas antiguas", en palabras de Darwin, eran, según su misma cita, unos huesos de la Edad del Bronce (segundo milenio a. C.) hallados en el "Cementerio Sur" en París por Broca, otros huesos perforados hallados por Dupont en las cuevas del Valle del Lesse y pertenecientes al "periodo prehistórico" y otras más halladas por Pruner-Bay "en una especie de dolmen en Argenteuil" similares, según su descubridor a los "esqueletos Guanche" es decir, a los habitantes de las Islas Canarias antes de la conquista española del siglo XV.

Los peldaños más bajos de la escalera que debería elevar al Hombre hacia el estado de la civilización, no sólo se hunde en las tinieblas de la prehistoria, sino que también empieza en lugares perdidos y lejanos del mundo contemporáneo:

"Todo lo que sabemos de los salvajes, que ignoran por completo la historia de sus antepasados, y lo que podemos inferir de sus tradiciones y de sus monumentos antiguos, nos muestra que, desde las épocas más remotas, unas tribus han logrado suplantar a otras. En todas las regiones civilizadas del globo, y así tanto en las desiertas llanuras de la América, como en las islas perdidas en el Océano Pacífico, se han hallado vestigios y restos de tribus extinguidas u olvidadas. Hoy las naciones civilizadas reemplazan, en todas partes, a las bárbaras, exceptuando en las regiones donde el clima opone a su paso una barrera mortal, y si triunfan siempre, lo deben principal, aunque no exclusivamente, a sus artes, producto de su inteligencia".

Darwin cita, en la introducción de *El origen del Hombre* a Boucher de Perthes, como quien demostró la antigüedad del Hombre, a Charles Lyell y a Sir John Lubbock, de este último, Darwin cita estas palabras, encontradas en la segunda edición del libro *Prehistoric Times*: "*no es exagerado decir que el horror terrible del mal desconocido está suspendido sobre la vida salvaje como una espesa nube, y acabará con todos sus placeres*".

La evolución, a finales de siglo XIX no es sólo cuestión de anatomía, y organización social, sino que también es una cuestión de moral y dignidad. Según la concepción de Darwin, si dirigimos nuestras miradas a una época sumamente remota, antes de que el hombre hubiese adquirido la dignidad de ser humano, veremos que debía entonces obrar más por instinto y menos por la razón que los salvajes actuales.

Los protagonistas de la Arqueología prehistórica a principios del siglo XX se expresan en la misma línea: "*...aún más interesante es conocer a las* *tribus que todavía hoy en día viven en la etapa cultural de la Edad de Piedra... sobre todo para lo que se refiere a cuestiones de contenido espiritual de la cultura en el orden social y en la vida religiosa. [...] Las ideas morales de los pueblos naturales más ínfimos, solo tienen, en general, ciertas semejanzas con las propias de los pueblos de cultura más elevada, en cuanto existen entre ellos normas sin las cuales ningún grupo humano podría subsistir largo tiempo."* Y si tomamos como ejemplo una tribu de Brasil *"sus energías intelectuales están normalmente desarrolladas pero ellos se encuentran en evidente inferioridad en su capacidad de comprensión respecto a los miembros de grupos de más elevada posición. Son hombres espiritualmente limitados, pero ni torpes ni imbéciles"*[80].

Si el ser humano está subiendo una escalera hacia su término, si está avanzando a lo largo de un camino que lo conducirá al supremo estado de la civilización: ¿es posible volver atrás? ¿Es posible una regresión en lugar de una progresión? ¿Es posible "caer de la escalera"? Según la fantasía de Lovecraft esto es posible y los habitantes del pueblo de Dunwich son un ejemplo. Pero según Darwin esto era imposible, la línea evolutiva debía ser desde el más bajo hasta el más alto, de menos a más, y nos referimos a un particular comentario en su obra: Darwin intenta explicar la razón de que, a pesar de que Prichard pensara que los habitantes de Gran Bretaña en la época Victoriana tenían bóvedas craneales mucho más grandes que los antiguos, hubiera unos cráneos arcaicos, como el de Neanderthal, muy desarrollados y grandes. Darwin, siguiendo a Broca, explica que este hecho, se debe a que en las naciones civilizadas, la capacidad media del cráneo es reducida por la presencia de un considerable número de individuos débiles de cuerpo y de intelecto, los cuales, en estado salvaje, hubieran sido prontamente eliminados. Entre los salvajes el promedio del tamaño craneal comprende sólo a los individuos más hábiles, los que fueron capaces de sobrevivir en condiciones de vida extremadamente duras y esto explicaría el hecho, de otra forma inexplicable, de que la capacidad media del cráneo de un antiguo troglodita de Lòzere, fuera mayor que la media de los franceses modernos[81].

Según la idea de evolución de la época, entonces, era imposible que la evolución no fuera hacia la mejora de la especie humana y hacia el aumento del cerebro tanto desde un punto de vista físico (de su tamaño) como desde un punto de vista moral (de su sensibilidad).

---

80 Hoernes 1928, pp. 156-158.
81 Sin embargo, hoy en día reconocemos el hecho de que hubo por lo menos una especie humana, los neandertales, con un volumen craneal tan grande como el nuestro, o incluso más (Klein 1995).

A pesar de esto, a principios del siglo XX, algunos arqueólogos estaban empezando a pensar de otra forma en la linealidad de la evolución, podríamos decir que estaban empezando a perder la inocencia, o la ilusión, de una evolución lineal, de la existencia de una escalera evolutiva que hubiera llevado al hombre a través de la prehistoria, desde un estado de bajo desarrollo físico, espiritual, moral y artístico, hacia la época Victoriana. Este relativo cambio se debió también al dramático descubrimiento, en 1880, de la pinturas polícromas de la cueva de Altamira, seguido por el descubrimiento de muchas otras pinturas paleolíticas, como las de el yacimiento de La Mouth, en Dordoña, en 1895, la publicación de los dibujos, al año siguiente, de las pinturas de la cueva de Pair-non-Pair y el descubrimiento, en 1901, de las cuevas pintadas de Les Combarelles y de Font de Gaume, siempre en el suroeste de Francia.

En dos décadas, la comunidad científica y el público se dieron cuenta de que, en la más antigua prehistoria, en el Paleolítico Superior, habían vivido unos hombres y unas mujeres no sólo capaces de producir arte, sino también de crear arte de altísimo nivel, a veces ni siquiera alcanzado hasta épocas mucho más recientes. Parece que el mismo Joan Miró afirmó que *"el arte está en decadencia desde la cueva de Altamira"*.

Las excavaciones de R'lyeh

El cuento *La llamada de Cthulhu*, 1926, se sitúa en el marco conceptual del racismo de Lovecraft, una suerte de "racismo científico", en el sentido de que el del escritor de Nueva Inglaterra es un sentimiento fomentado por algunas, aunque no todas, ideas "científicas" de principios del siglo XX. Ya hemos visto la concepción que nuestro autor tiene de la evolución humana vista como una especie de escalera con peldaños, su idea del pasado colonial de algunas regiones del planeta (civilizaciones blancas en el pasado prehistórico de África), la referencia al pasado clásico como momento cumbre de la Historia, las citas a Babilonia y al antiguo Egipto y la visión positiva de la colonización del continente americano por los europeos. La estatuilla del dios-monstruo Cthulhu fue hallada durante una redada en los pantanos a las afueras de Nueva Orleans, región que ningún hombre blanco había atravesado por completo, en medio de un ritual vudú más diabólico que las peores prácticas africanas…

> *"…infinitely more diabolic than even the blackest of the African voodoo circles…"*

…un ritual que recordaba el culto de unos esquimales degenerados de Groenlandia…

"...degenerate Esquimaux...".

En estos pantanos, aún por civilizar, danzaba y se contorsionaba una horda indescriptible de dementes y en su centro había un granítico monolito de tres metros de altura sobre el cual estaba la diabólica estatuilla...

"...leaped and twisted a more indescribable horde of human abnormality [...] in the centre of which, revealed by occasional rifts in the curtain of flame, stood a great granite monolith some eight feet in height...".

Esta horrible horda estaría compuesta por hombres de una especie ínfima, casi todos mestizos o desviados mentales. Pero Cthulhu es mucho más noble y a pesar de lo horrible de su aspecto espera en su casa, en R'lyeh, soñando...

"...in his house at R'lyeh dead Cthulhu waits dreaming...".

Empieza entonces la grandiosa descripción de la terrible ciudad de R'Lyeh, con las citas a la mítica Babilonia y las referencias geográficas al Océano Pacífico.

Nos parece interesante subrayar el hecho de cómo los Dioses Primigenios, a pesar de ser la esencia misma del horror desconcertante, eran un horror "civil", "civilizado" (de cives, "ciudadano"), "urbano" (de Urbs, ciudad), un horror que reside en una "polis", una ciudad, la grandiosa R'lyeh. Cthulhu espera en su casa, en su ciudad, y no en la selva. Según nuestra perspectiva es éste uno de los aspectos más terroríficos y más interesantes de la narrativa lovecraftiana. El mismo protagonista del relato "La llamada de Cthulhu" experimenta un momento de emoción, a pesar de su escepticismo, cuando oye hablar de la ciudad de R'lyeh, mientras que, los marineros que visitaron la morada de Cthulhu se quedaron impresionados por la cósmica majestuosidad de la "goteante Babilonia" construida por antiguos demonios...

"...the cosmic majesty of this dripping Babylon of elder daemons...".

Según las palabras de Lovecraft, la narración de la entrada de los marineros guiados por el capitán Johansen en la tumba-cueva-casa de Cthulhu es similar a la visita de Ulises y sus compañeros a la isla y la cueva de Polifemo.

Es en el Océano Pacífico donde se halla la ciudad de R'lyeh y en las islas del gran océano se pueden visitar los megalitos que llevan los signos de los Dioses Primigenios.

R'lyeh es una gran urbe formada por casas, monolitos y tumbas de piedra. Es una enorme conglomeración de viscosa piedra verde con una geometría completamente absurda...

"...damp Cyclopean city of slimy green stone whose geometry, he oddly said, was all wrong."

Es una especie de terrible acrópolis rodeada por monolitos de gran tamaño, de cósmica majestuosidad, y formada por bloques de piedra de increíbles dimensiones, con un monolito gigante ornado con jeroglíficos (como el de Dagon) y con estatuas y bajorrelieves. Es una terrorífica acrópolis a la cual se accede gracias a una escalera de bloques titánicos.

En la base del monolito hay una puerta gigante decorada con el símbolo del pulpo-dragón: Cthulhu. La puerta tiene un marco adornado, un umbral y unos peldaños de acceso y parece la entrada a un gigantesco granero. La efigie de Cthulhu gotea fango.

Es a través de esta puerta por donde el capitán Johansen con sus compañeros, entran atraídos, aunque asustados, por la excitación del descubrimiento y de la aventura.

La sugestión que crea la maldita ciudad megalítica de R'lyeh es muy fuerte. Ya hemos subrayado el vínculo imaginativo entre la ciudad de Cthulhu y la imagen mítico-histórica de Babilonia a la que el mismo autor hace muchas veces referencia. Proponemos entonces una pregunta y buscamos la respuesta a través del conocimiento arqueológico: ¿de dónde ha sacado Lovecraft la imagen que le sirvió para la creación de la terrible acrópolis del terror, donde Cthulhu espera soñando?

De Babilonia, es cierto... pero no sólo. En Babilonia, de hecho, no había monolitos ni jeroglíficos y sobre todo, la capital mesopotámica estaba hecha de ladrillos cocidos bajo el sol, no de piedra. Mientras que, en el Oriente Medio las ciudades eran construidas en adobe, ladrillos de arcilla endurecida y secada bajo los rayos del cálido sol de la Medialuna Fértil, y en América del norte la ciudades de los nativos, como Cahokia[82] (en Illinois) eran construidas sobre todo con tierra y madera, es en la prehistoria europea donde las grandes piedras, los bloques líticos "ciclópicos" estaban en los orígenes de la monumentalidad de algunas construcciones, como Stonehenge, y , sobre todo, de los templos neolíticos de la isla de Malta y de la arquitectura "ciclópica" micénica descubierta por Schliemann en la misma Micenas y en Tirinto. (Grecia) a finales del siglo XIX.

---

[82] http://cahokiamounds.org/

De los grandes templos malteses, el Professor Colin Renfew escribe que *"han sido exaltados como los más majestuosos monumentos prehistóricos del mundo y que a primera vista parece inconcebible que aquellos monumentos hayan sido construidos sin la organización y la tecnología avanzada típicas de una verdadera civilización urbana"*[83].

Hoy en día sabemos que los templos de Malta fueron construidos antes del 3.000 a. C. y que su monumentalidad probablemente no se debe a los influjos exteriores, como las construcciones del periodo predinástico egipcio o las construcciones en adobe de época sumérica. Todavía en los años '20, el arqueólogo V. G. Childe no tenía la menor idea sobre la construcción de aquellos templos cuando afirmaba que *"ningún paralelismo significativo es actualmente posible para los templos... Es todavía imposible establecer si Malta tuvo el papel de maestra o de discípula entre las civilizaciones de sus alrededores y es mejor olvidarse de las inútiles especulaciones sobre este argumento"*[84].

El templo más imponente es el de Ggantija, en la pequeña isla de Gozo (Malta). Delante del templo hay una terraza ancha de unos cuarenta metros, que se apoya sobre un macizo muro de contención. La fachada es, tal vez, el exterior más antiguo arquitectónicamente concebido en el mundo, con dimensiones majestuosas. Grandes losas de roca caliza coralina, hincadas alternativamente de frente y de lado, tienen ocho metros de altura; estas losas sobresalen hasta cuatro metros en la primera hilera, sobre la cual se levantan otras seis hileras de bloques megalíticos... la fachada pudo llegar a medir hasta diez metros. Aquélla estaba formada por dos partes curvas, en medio de las cuales se abrían los accesos a los templos[85].

En 1876 Schlieman hunde el pico en el suelo de Micenas, en el periodo 1878-79 excava en Troya y en 1884 excava en Tirinto donde, según la mitología clásica, habría nacido Hércules. Las murallas de Tirinto eran consideradas, por los antiguos, una construcción prodigiosa y Pausanias, el autor de un relato sobre un viaje (tal vez nunca efectuado en persona) alrededor de Grecia, el *Hellàdos Perièghesis*, siglo II a. C., comparó la grandiosidad de la muralla de Tirinto con las pirámides de Egipto; se dice que Proitos, legendario rey de aquella ciudad habría llamado a siete cíclopes para construirlas[86], pero se cuenta también que murallas similares fueron construidas en Micenas y en

---

83 Renfrew 1996, p. 149.
84 In Renfrew 1996, p. 153.
85 Renfrew 1996, p. 150.
86 Ceram 1995.

varias ciudades de la Argolida, "tierra ciclópica" según el poeta trágico griego Eurípides (siglo V a. C.).

En Micenas, Schliemann saca a la luz la "ciclópica" ciudad de Agamenón. La muralla de la ciudad *"presenta un grosor de 5-7 metros. En muchos puntos estos muros están constituidos por bloques de piedra de forma irregular y rellenados en las fisuras por piedras más pequeñas. Las piedras son la mayoría poligonales, artísticamente talladas de forma cuadrangular y unidas, las paredes exteriores encajan perfectamente y confieren un aspecto liso a la construcción. En algún punto, particularmente en la parte más cercana a la gran puerta, hay una tercera especie de muro constituido por piedras casi cuadrangulares de 1,34 a 3,33 metros de largo, por 1 a 1,67 metros de alto, por 1 a 2 metros de ancho [...]. En el interior de la fortaleza el suelo se levanta desde todas las esquinas hasta el centro, formando terrazas sujetas a la muralla ciclópica [...]. La puerta tiene una altura de 3,34 metros y una anchura de 3,17 metros; está formada por dos piedras hincadas verticalmente con una anchura de 1 metro y 2 metros de grosor, cubiertas por una tercera piedra de 5 metros de largo y de 1,33 metros de grosor. Encima de ésta, que tiene una altura en el centro de 2,24 metros y disminuye un poco hacia las extremidades, está una piedra triangular de 4 metros de largo, 3,34 metros de altura y 0,67 metros de grosor. Está grabada con dos leones en bajorrelieve [...]. Me fui entonces a la habitación del tesoro de Agamenón, conocida como la 'tumba de Agamenón'... un pasaje de 50 metros de largo y 8 metros de ancho, formado por dos muros paralelos de 10 metros de altura y construidos con piedras artísticamente talladas, lleva a la gran puerta de entrada que tiene una altura de 4,30 metros y una anchura de 2,83 metros en la parte superior, pero la anchura aumenta progresivamente hasta alcanzar en la base los 3 metros"*[87].

Homero define Tirinto "la ciudad majestuosa de las altas murallas", mientras que Pausanias escribe que su muralla fue construida por los Cíclopes y está hecha con piedras no talladas, tan enormes que dos burros no serían capaces de mover ni la más pequeña de ellas.

El adjetivo ciclópico, que recuerda al término titánico usado por Lovecraft, se asocia a la idea de algo colosal, enorme, gigantesco, desmesurado, mastodóntico, poderoso, de algo que tiene dimensiones que se asocian al tamaño de los mismos Cíclopes, el más famoso de los cuales es el mismo Polifemo que aparece en la Odisea. Schliemann, todo un experto en murallas ciclópicas, cita un interesante dato etimológico afirmando cómo la expresión "murallas ciclópicas" es, malinterpretando su significado, aplicada muy a

---

[87] Schliemann 1997, p. 216-218.

menudo a diferentes tipos de construcciones. Según el arqueólogo alemán, de hecho, el origen de esta expresión se remonta a la leyenda de los Cíclopes, que fueron excelentes arquitectos. Según muchos autores antiguos, el rey de Tirinto llamó a siete cíclopes para construir la muralla de su ciudad y a aquellos magníficos arquitectos tenemos que atribuir también la construcción de la muralla de Micenas. Así, en un pasaje de Píndaro, estaría la confirmación de la habilidad arquitectónica de los Cíclopes en la construcción de murallas y la razón del uso del adjetivo "ciclópico" en relación a estas edificaciones, nada que ver entonces con la relación entre el tamaño de la construcción y las dimensiones de los Cíclopes: *"voy contra Micenas: tengo que llevar palancas y picos para destrozar, para mover con el hierro curvo aquellos pedrejones de los Cíclopes creados con reglas rojas y escuadras"*[88].

Éste es el aspecto de una ciudad oculta en la Antártida imaginada por Lovecraft (*En las montañas de la locura*):

El pétreo laberinto sin nombre consistía en su mayor parte en muros de diez a cincuenta pies de altura y entre cinco y diez pies de grosor. Estaba formado principalmente por prodigiosos bloques de oscura pizarra primordial, esquistos y piedra arenisca, bloques en algunos casos de hasta 4 x 6 x 8 pies, aunque en varios lugares parecía estar labrado en un lecho desigual y macizo de roca de pizarra precámbrica. [...] Hubiéramos deseado tener allí a Pabodie, que con sus conocimientos de ingeniería quizá nos hubiera ayudado a comprender cómo pudieron manejarse aquellos bloques titánicos en la época increíblemente lejana en que habían sido edificados la ciudad y sus alrededores.

> *"...the nameless stone labyrinth consisted, for the most part, of walls from ten to one hundred and fifty feet in ice-clear height, and of a thickness varying from five to ten feet. It was composed mostly of prodigious blocks of dark primordial slate, schist, and sandstone - blocks in many cases as large as 4 x 6 x 8 feet [...]... its mortar-less Cyclopean masonry with complete bewilderment. We wished that Pabodie were present ... might have helped us guess how such titanic blocks could have been handled...".*

Y así es como se presenta R'lyeh a los ojos del capitán Johansen (*La llamada de Cthulhu*):

"...monstruosa acrópolis, y treparon, resbalando, por los titánicos y musgosos escalones... y una amenaza tortuosa acechaba sobre los ángulos sin sentido de la piedra tallada..."

---

88   En Schliemann 1997, p. 260.

> *"...monstrous Acropolis, and clambered slipperily up over titan oozy blocks... and twisted menace and suspense lurked leeringly in those crazily elusive angles of carven rock..."*

Fijemos ahora nuestra atención en el año 1908. Lovecraft es un joven de 18 años y sólo una decena de años antes el paleontólogo Dubois eligió el término Pithecanthropus erectus, "hombre-mono erecto", para definir algunos fósiles hallados por él mismo en la isla de Java. El ambiente es el París de los artistas, donde un crítico de arte, un tal Vauxcelles, escribiendo la recensión para una serie de paisajes pintados por Braque, había hablado de la tendencia de este pintor a reducir todo a cubos. La palabra tuvo éxito y el término cubismo se quedó como definición de todo aquel movimiento artístico. La investigación artística de Cèzanne fue fundamental para el desarrollo del movimiento cubista: la creación de un espacio gracias a los volúmenes y a la atención al objeto en su esencia, independiente del entorno. A esto se sumaba la herencia intelectual de los postimpresionistas y su intento de sustitución de la realidad por un orden abstracto. El cubismo proponía, mediante una nueva forma, el proceso de destrucción de la perspectiva. El problema no era representar una expresión del objeto en su colocación espacial, sino más bien enfocar la atención, a través de la simultaneidad de visiones sobre todos los aspectos del objeto que se puedan expresar. La unicidad del punto de vista, los planos medios y de fondo fueron anulados en un único proceso de descomposición. Sucesivamente, en su acepción analítica, el cubismo llegará a un momento de investigación artística donde los planos de rompen presentando objetos desmembrados por planos. Un cuadro de Delaunay, quien proponía un cubismo órfico, nos interesa particularmente: se titula *La ciudad* (1910). En esta obra los planos se entrelazan formando volúmenes y geometrías creadas por los matices del gris, por planos blancos y negros. El desarrollo del cubismo coincide con la producción literaria de Lovecraft y *La ciudad* de Delaunay es de poco antes de la creación de R'lyeh y de la ciudad de *Las montañas de la locura*, donde la forma general de los edificios era cónica, piramidal, en terrazas, aunque no faltaban cilindros perfectos, cubos perfectos, grupos de cubos y otras formas regulares...

> *"The general shape of these things tended to be conical, pyramidal, or terraced; though there were many perfect cylinders, perfect cubes, clusters of cubes, and other rectangular forms..."*.

En la pintura de Severini *La danzatrice blu* (*La bailarina azul*) podemos atisbar una especie de Cthulhu que sale del Océano, en el romper de las líneas y la multiplicación de las geometrías de la bailarina que recuerdan al tentacular movimiento del monstruo creado por Lovecraft, que se levanta, goteando, sobre la superficie del mar. Severini sigue el futurismo de Boccioni, se muda a París donde profundiza su investigación pictórica pasando por un divisionismo naturalista, a través del estudio de los impresionistas y de los postimpresionistas, y llegará a un futurismo basado en la descomposición cromática y a un cubismo de síntesis. El movimiento futurista se desarrolla a comienzos del siglo XX tanto en pintura, como en escultura, con Boccioni, y en literatura, con Marinetti. El mismo Lovecraft parece hechizado por el nuevo movimiento artístico y en *La llamada de Cthulhu* (1926), imaginando la ciudad de R'lyeh, nuestro autor escribe:

> *"Sin conocer el futurismo, Johansen describe, al hablar de la ciudad, algo muy parecido a una obra futurista. En vez de referirse a una estructura definida, algún edificio, se limita a hablar de vastos ángulos y superficies pétreas..."*
>
> *"...Without knowing what futurism is like, Johansen achieved something very close to it when he spoke of the city; for instead of describing any definite structure or building, he dwells only on broad impressions of vast angles and stone surfaces..."*

Son las superficies, los planos, los ángulos, las líneas rotas que chocan con la imaginación de Lovecraft. Las "formas únicas en la continuidad del espacio" de Boccioni, esculpidas en su famosa estatua, o la visión de las pinturas *La città que sale* (*La ciudad que surge*) y *Visioni simultanee* (*Visiones simultáneas*), de 1911, llevan a cabo las ideas futuristas de la compenetración dinámica de los planos de la construcción, basada en las líneas de fuerza que determinan la unidad espacial entre objeto y ambiente.

Para la creación de los inmensos paisajes abiertos, como en *Las montañas de la locura*, Lovecraft se inspirará en otro tipo de sintaxis artística, las visiones épicas de Roerich[89]. El escritor de Providence intenta evocar la carga épica y la fuerza desoladora de algunos de los paisajes pintados por el artista de San Petersburgo, sobre todo, la majestuosa presencia de las montañas que, como una barrera de pináculos, introducen grandiosas mesetas.

En los lejanos mares del sur...

Dagon, con su enorme obelisco decorado es testigo de una antigua civilización marina, descubierta en una de las zonas más abiertas y menos

---

[89] http://www.roerich.org/. Página web del Museo Roerich, con visita virtual a las obras del autor.

frecuentadas del Pacífico. R'lyeh es la casa de Cthulhu, hundida en el Océano Pacífico y desde allí, desde el gran océano, llega la extraña estatuilla que representa a Cthulhu.

La degeneración de Innsmouth (una de las ciudades inventadas por Lovecraft y situada en Nueva Inglaterra) nace del contacto de algunos ciudadanos con unas tribus del Pacífico. *"Existe todavía una colonia de indígenas de las Fiji en los alrededores de Cabo Cod..."*

"...there's still a bunch of Fiji Islanders somewhere around Cape Cod".

...avisa el jefe de la estación de Arkham mientras está explicando al protagonista del cuento (*La sombra sobre Innsmouth*) que muchos de los barcos de Nueva Inglaterra tenían algo que ver con extraños puertos en África, Asia, los Mares del Sur...

"...what a lot our New England ships used to have to do with queer ports in Africa, Asia, the South Seas, and everywhere else..."

...y es desde los Mares del Sur, como se rumoreaba en la ciudad, de donde provenía la madre, una indígena, del viejo Marsh di Innsmouth, aquel Marsh que empezó los extraños comercios con los nativos del Pacífico, tal vez unos kanak, de alguna isla cerca de Ponape (en las Islas Carolinas) donde había ruinas decoradas y consumadas como si hubieran estado hundidas bajo el mar durante siglos y cubiertas de signos monstruosos...

"...ruins with different carving ruins all wore away like they'd ben under the sea once, and with pictures of awful monsters all over 'em".

Los kanak, que Lovecraft imagina como los salvajes que sacrificaban jóvenes y vírgenes a una especie de monstruos, dioses monstruosos que vivían bajo el mar...

"...these Kanakys was sacrificin' heaps o' their young men an' maidens to some kind o' god-things that lived under the sea..."

...aparecen también como tripulación, junto a unos mestizos, del barco a vapor *Alert*, el barco que transportaba la estatuilla de Cthulhu.

Lovecraft nos ofrece hasta precisas referencias geográficas, las coordenadas exactas, para definir la zona donde acontecían aquellas extrañas relaciones y desde donde venían los aberrantes influjos que constituyen la monstruosa geografía del mito de Cthulhu y R'lyeh.

Según los datos que nos brinda nuestro autor, tenemos las siguientes localizaciones geográficas: Valparaíso, en la costa de Chile, a la altura de Santiago, cerca del paralelo 35 Sur, Darling, puerto de la Australia oriental, cerca de Sydney, a la altura del paralelo 35 Sur, Dunedin, en Nueva Zelanda, Isla del Sur, asomada al Pacífico, hacia el paralelo 45 Sur y Callao, puerto del Perú al Norte de Lima, cerca del paralelo 12 Sur.

El *Vigilant* zarpa desde Valparaíso y llega al puerto de Darling remolcando el Alert, de Dunedin, avistado y alcanzado por el mismo *Vigilant*, a 34º 21' de latitud Sur y 152º 17' de longitud Oeste, en mar adentro, a la altura de Darling. La tripulación superviviente del *Alert* había sido, en origen, embarcada en la *Emma*, un schooner con dos mástiles de Auckland, Nueva Zelanda, que había zarpado desde Callao, pero que se transbordó a aquel barco tras un violento enfrentamiento "pirata" entre los dos barcos en el Océano Pacífico, a 49 º51' de latitud Sur y 128 º34' de longitud Oeste, es decir en la nada de las azules aguas del Océano Pacífico, muchas millas al sur de las Tuamotu, Polinesia Francesa, y cerca de 50º al Este de Christchurch, Nueva Zelanda. La tierra firme más cercana registrada por los mapas parecen ser dos grandes escollos, muchas millas al Noroeste respecto al punto de contacto entre los dos barcos, que afloran de las aguas del Océano: el Escollo Ernest Legouvè y el Escollo Maria Theresa. Una veintena de grados al Sur del punto, los mapas geográficos marcan el límite de los hielos a la deriva y el límite de la banquisa.

En esta zona, en este profundo desierto azul, se levanta la grandiosa ciudad de R'lyeh. Según las palabras de Gustaf Johansen, el único superviviente del enfrentamiento entre la tripulación del *Emma* y del *Alert*, al día siguiente del abordaje en el punto que hemos localizado, el *Alert* arribó a una pequeña isla no señalada por los mapas. El *Emma* provenía de Callao y navegaba en dirección Suroeste por el cambio de ruta a causa de una tempestad, mientras que el *Alert*, que había zarpado de Dunedid, viajaba en dirección Este hasta que se cruzó con el barco que llegaba desde Perú. La tripulación del *Emma*, una vez transbordada al *Alert*, deja a este barco seguir su ruta, como afirma Johansen, hacia el Este, hasta arribar a la isla desconocida el día después. La ciudad de R'lyeh debe encontrarse entonces, a muy pocas millas del punto que hemos indicado anteriormente.

El *Alert* era muy conocido entre los mercaderes de las islas del Pacífico y su tripulación estaba formada, como hemos dicho, por kanak y mestizos que solían encontrarse por la noche en los bosques, suscitando curiosidad en el puerto de Dunedin:

> *"It was owned by a curious group of half-castes whose frequent meetings and night trips to the woods attracted no little curiosity…"*

Los kanak, o kanakas, son los habitantes nativos de Nueva Caledonia, y por extensión, los habitantes indígenas del Pacífico. El término "Kanak", además de sustantivo para la definición de los habitantes del Pacífico, es también un adjetivo que define su arte y su cultura.

Si tomamos las referencias geográficas y culturales presentes en la narrativa de Lovecraft, además de identificar con mayor o menor precisión la ubicación de la majestuosa R'lyeh, podemos también identificar una zona de influjos mágicos y culturales y las relaciones geográficas e "históricas" de la que fue la antigua y horrorosa civilización de Cthulhu y de los Dioses Primigenios. El área de difusión del terror ancestral citado en la narrativa de Lovecraft abarca una zona geográfica inmensa. Desde Dunedin, en el Sur de Nueva Zelanda, hasta Auckland, y luego hacia Oeste hasta Darling y Sydney. Desde ahí, el límite occidental de la zona se desplaza hacia Noreste, en Nueva Caledonia y más allá de las Fiji, para luego seguir en dirección Noroeste hasta Ponape, hoy en día conocida como Pohnpei, entre las islas Senyavin de las Carolinas, en Micronesia. Con una recta que cruza el ecuador a la altura de las Islas Espóradas, cerca de los 160º de longitud Oeste, trazamos el límite Norte, que llega hasta Callao, en Perú. Seguimos miles de kilómetros de costa de América del Sur hasta Valparaiso, en Chile, y volvemos mar adentro en el Pacífico hasta la zona cercana a las coordenadas referidas por Johansen: 49º 51' latitud Sur y 128º34' longitud Oeste, el lugar de R'lyeh. Desde este punto el área se cierra volviendo hacia el Oeste hasta Dunedin. Desde la ciudad de R'lyeh irradia el malvado y terrible influjo de Cthulhu y la civilización de los Dioses Primigenios y es desde ahí que, de forma indirecta, a través de comercios y emigraciones, o en forma onírica, a través de los sueños, se difunde en Nueva Inglaterra y en todo el planeta el mito de R'lyeh, en forma de arte plástica (los bajorrelieves de Dagon), de arte mueble (la estatuilla de Cthulhu y las joyas guardadas en el museo de la Miskatonic University de Arkham), de escritura (los jeroglíficos grabados en el monolito de Dagon), de rituales y extraños cultos o en forma de arquitectura, las ruinas antiquísimas.

Ya hemos subrayado las características crustáceas de esta fantástica civilización y de su arte (Cap. 2). Es el vasto Océano Pacífico, los Mares del

Sur, que definen su segundo origen, es decir, el terrestre, y determinan sus caracteres estilísticos, además que geográficos.

Hacia 1850, la mayoría de las islas del Pacífico ya son conocidas. A lo largo de los últimos 300 años las potencias occidentales han declarado, isla tras isla, milla tras milla, al Océano Pacífico como colonia, posesiones de las diferentes madres patrias. La primera "incursión" occidental en el Océano Pacífico se remonta al año 1513, por parte de Vasco Núñez de Balboa, el primer europeo en atravesar el continente americano de costa a costa, quien reclamó para la corona española el Océano y todo lo que contenía. En 1521, el portugués Fernando de Magallanes (Fernão de Magalhães) navegó en lo que él mismo definió como Pacífico, en referencia a las tranquilas aguas que encontró tras haber superado las tempestades del Estrecho que toma su nombre, en el extremo sur de Chile.

Lovecraft define el espacio de acción e influencia de la civilización de Cthulhu como un área inmensa, los límites de la cual comprenden prácticamente todas las islas del Pacífico meridional, desde la Micronesia, las Islas Carolinas, la Melanesia, (de los kanak de la Nueva Caledonia), hasta la más lejana Polinesia y la costa americana, las Islas Fiji y la Isla de Pascua. La residencia terrestre del dios primigenio está en el límite meridional de esta zona, y de ahí proviene la estatuilla que le representa.

Si R'lyeh parece tener unas connotaciones cubistas y una referencia a la mítico-histórica ciudad de Babilonia, a la arquitectura micénica y a la prehistoria del Mediterráneo, la estatuilla de Cthulhu, además de oníricas reminiscencias del Paleolítico Superior europeo, nos parece necesario hablar sobre el extenso uso que varios pueblos del Pacífico hacían de las estatuas tanto de piedra, como, sobre todo, de madera. A menudo, estas estatuas eran representaciones físicas de los ancestros, como por ejemplo el caso de las estatuas korvar del Noroeste de Irian Jaya, en Melanesia, grabadas en la madera, en el hueso o en la piedra, unas en un estilo más naturalista, otras con una silueta más estilizada[90].

Muchas de las representaciones que nos llegan desde las islas del Pacífico son excepcionales obras de arte, como las efigies en piedra que representan los "antepasados" que provienen de la bahía de Humboldt, o las esbeltas imágenes que representan los asmat, los "primeros seres humanos" (según el mito de la creación un gran héroe grabó muchas estatuillas en madera. Cuando él empezó a tocar su tambor, las estatuas comenzaron a cobrar vida,

---

90 Meyer 1995, p. 55, fig. 32.

formando de esta manera el primer clan[91]).

De "estética más lovecraftiana", más agresivas en la dureza de los rasgos grabados en la madera y en el uso de los colores, sobre todo el rojo y el negro, nos parecen las figuras malangan que representan los espíritus n'gass, de Nueva Irlanda, o, siempre de la misma isla, las más aterradoras uli, unas estatuas que miden casi dos metros, empleadas en complejos ciclos de ceremonias funerarias. Parece que la cabeza de los difuntos era separada del cuerpo y puesta entre las raíces de algunas plantas de la isla. En un específico momento, probablemente anunciado por el florecer de algunas plantas, el cráneo era exhumado, moldeado y presentado a los *uli*[92].

Algunas estatuillas de las islas Vanuatu, en pleno Pacífico, poseen características aún más agresivas. Madera oscura y rasgos estilizados, geométricos, confieren a la estatua, sobre un pedestal que representa a un antepasado, una fuerza absoluta, capaz de tener un impacto inmediato sobre el observador[93]. Desde las Vanuatu llegaron a Nueva Caledonia, a causa de sucesivas migraciones, muchos de los estilos que definen el arte kanak; entre las representaciones en madera más bellas del Pacífico hay unas figuras-guardianes que conmemoran los antepasados y las Tale que representan a los guardianes del umbral. Estas Tale son unas figuras grabadas en paneles de madera hincados verticalmente a los dos lados del umbral de la casa del jefe de la tribu. Tienen una importancia fundamental, dada la inexistencia de la puerta. El arte de Nueva Caledonia es visto como un arte con características más crudas y naive respecto al resto de Melanesia y, como observa A. Meyer: *"las formas fuertemente cubistas, los amplios y planos caracteres faciales y el hecho de que a menudo la superficie trabajada no parezca todavía acabada, no son señal de una inferioridad artística [...]; este arte es duro, poderoso y expresivo... creado para demostrar la fuerza del grupo, del jefe y de los antepasados"*[94].

El arte plástico de las islas Fiji resulta más bien misterioso a ojos del observador occidental, pero, al mismo tiempo, tiene un gran impacto visual. Probablemente, en algunos casos, las estatuillas de madera representan las que nosotros llamamos brujas, o brujos mitológicos. Muchas otras son representaciones de antepasados, *kalou yalo*, o seres llamados *kalou vu*, las más antiguas divinidades, los padres fundadores de los clanes. Estas figuras parece que fueron adoradas en grandes templos llamados *bure kalou*, tal vez

---

91 Meyer 1995, p. 82, fig. 62.
92 Meyer 1995, p. 352, fig. 386.
93 Meyer 1995, p. 415, fig. 470.
94 Meyer 1995, p. 437, figg. 492, 493 e 494.

fijados a una plataforma[95]. Tienen una extraña asonancia con Cthulhu...

Además de los templos de las islas Fiji, la arquitectura más impresionante del Océano Pacífico se encuentra en la Isla de Pohnpei (Ponape): el conjunto de *Nan Madol*[96], la "Venecia de los Mares del Sur", una pequeña ciudad real construida encima de 92 pequeñas islas artificiales que cubren una superficie de cerca de 80 hectáreas de laguna, destinada tanto a mausoleo, como a plataforma para la residencia de las familias más importantes. Los más antiguos restos de *Nan Madol* pueden remontarse al siglo I d. C. mientras que la estructura definitiva es del silgo XIII. Los elementos arquitectónicos están constituidos por bloques de piedra local, un basalto prismático, con piezas que alcanzan el peso de 50 toneladas.

Del mismo archipiélago son las Islas Belau, donde se levantan enormes monolitos, uno de los cuales está grabado a semejanza de la cara de Odalmelech, dios o figura ancestral del pueblo de *Ngermelech*[97]. Más al sureste, en la selva de las Islas Australes, aparecen los gigantescos *Moanaheiata* ("océano coronado por las nubes"), unos enormes ídolos de piedra, y, aún más al suroeste, en la Isla de Pascua, perdida en el inmenso Océano, se levantan la famosas imágenes *ahu*, las grandiosas estatuas de piedra.

El Océano Pacífico, con sus miles de islas, los diferentes pueblos que viven en ellas y navegan sus aguas, con sus estructuras arquitectónicas y sus enormes estatuas, siempre ha suscitado una curiosidad y un profundo sentido del misterio en el hombre occidental. A principios del siglo XX todavía eran publicados libros serios sobre el tema de los monumentos de piedra de la Polinesia que llevaban títulos como *El enigma del Pacífico* o *El misterio de la Isla de Pascua*. En 1947, Thor Heyerdahl, zarpaba con su balsa *Kon Tiki* desde las costas de Perú y alcanzaba la Isla de Pascua en un intento por demostrar la posibilidad, y la necesidad, de las relaciones entre las dos tierras durante la época de la erección de las imágenes *ahu*.

Pero desde mucho antes, por lo menos desde los primeros contactos con los occidentales, el Océano Pacífico era una "reserva cultural y geográfica" de misterios y estupores. El capitán Cook se quedó impresionado por una gran pirámide de escalones de piedra durante su visita a Tahití. Aquella era la plataforma de diez escalones de *Mahiatea*, de 81 metros de largo, 26 de ancho y 15 de alto. Una enorme estructura lítica con un patio adyacente de 88 metros de

---

95 Meyer 1995, p. 457, fig. 522 e fig. 523.
96 "Los mares del sur", National Geographic, marzo 2008.
97 Meyer 1995, p. 610, fig. 704.

largo con muros constituidos por una hilera de piedras cuadrangulares. Se decía que el monumento podía haber sido construido en 1766-67 y requerido por la gran sacerdotisa *Purea de Papara*, para su hijo *Teru-rere*. Una representación gráfica de aquella estructura fue dibujada por W. Wilson y publicada en 1799. Recintos ceremoniales de este tipo son bastante comunes en Polinesia y tumbas con plataforma monumental aparecen también en Tonga[98].

Aunque casi del todo desconocidos y, tal vez, evitados, por lo menos en algunos países de Europa[99], el arte y la arqueología del Pacífico son un tema maravilloso y, todavía para muchos, misterioso. Las ideas acerca del arte del Pacífico, como pasa a menudo, son el fruto de prejuicios que derivan del periodo colonial y de la re-afirmación de una hipotética superioridad cultural y artística de Occidente. *"El arte de Oceanía es simplemente el resultado físico de los intentos de hombres y mujeres de buscar las respuestas a la gran pregunta planteada por su existencia. La mayor diferencia entre el Arte del Pacífico y el Arte Occidental es que, en este último, las formas pictóricas y escultóricas son simplemente imágenes de lo divino. En Oceanía, sin embargo, las obras de arte, en la mayoría de los casos, son la personificación actual de los dioses, de los espíritus y de los antepasados que representan"*[100].

Inventar la arqueología

Como conclusión de este capítulo vemos cómo se puede inventar el pasado también a través de la mistificación arqueológica, y de la fantasía literaria.

El etnólogo protagonista del cuento *El túmulo* (*The Mound*, 1928), en un momento de su investigación, se pregunta si todo el asunto no es un timo orquestado, con la ayuda de los nativos de la zona, por los habitantes de Binger, el pueblo cerca de donde se encuentra el túmulo prehistórico, objeto de la investigación del protagonista. A este propósito el protagonista cita un fraude arqueológico: unas cruces de plomo hincadas por un estafador en Nuevo México y por él mismo "halladas" como reliquias de una colonia europea existida en el medievo en Estados Unidos. Se trataría, si no nos equivocamos, de las *"Tucson Lead Cross"* ("las cruces de plomo de Tucson") encontradas a unos escasos kilómetros de la ciudad de Arizona, en 1924. Aquel "descubrimiento" fue bastante famoso en la época, de hecho apareció como edición especial, además de en el Arizona Daily Star, también en el New York

---

98 Renfrew 1996, pp. 161-162 e tav. 11.
99 Meyer 1995.
100 Meyer 1995, p. 630.

Times, en 1925. Aunque bastante ridícula, aquella no sería la única broma (o fraude) arqueológica perpetuada con el fin de confirmar una idea (aunque descabellada) sobre el pasado. Uno de los casos más famoso es, como hemos visto, el caso del Hombre de Piltdown, un fraude paleontológico aceptado como verdad, además de por Lovecraft, también por parte de la comunidad científica de la época.

Un fraude desenmascarado muchos años después y casi desconocido en Europa, se orquestó en Estados Unidos, a finales del siglo XIX, cuando en el Viejo Continente estaban saliendo a la luz las pruebas arqueológicas de la gran antigüedad del hombre y sus primeras formas de arte, con Altamira y las venus paleolíticas. La manufactura de falsos objetos arqueológicos era bastante común en América en el siglo XIX y la motivación fundamental era el deseo de probar que también en el continente americano el hombre estuvo presente desde los tiempos prehistóricos más antiguos[101]. En 1889, un tal Hilborne Cresson anunció haber descubierto en 1864, en Holly Oak, en Delaware, un colgante de concha con la imagen grabada de un mamut. Cresson nunca dio la explicación de por qué no había declarado antes el hallazgo, pasaron de hecho 25 años. El fraude fue desenmascarado de forma definitiva casi un siglo después, cuando la datación radiocarbónica de la concha confirmó que el material se remontaba al siglo IX d. C. y no al Paleolítico Superior como afirmaba su "descubridor". El grabado, como se había observado desde el principio, había sido realizado por el impostor imitando los grabados (reales) descubiertos en el yacimiento francés de La Madeleine, excavado en el mismo periodo, a finales del siglo XIX.

El falso de Holly Oak, junto con el caso del Hombre de Piltdown, no son casos aislados en el panorama de la investigación arqueológica. Como afirman Simon Stoddart y Caroline Malone en un editorial de la revista científica inglesa de arqueología *Antiquity*: "*los arqueólogos se encuentran bajo presión para producir sensacionales resultados de la misma manera que la policía se encuentra bajo presión para el hallazgo de pruebas. En ambos casos, la falsa evidencia puede ser producida para satisfacer las expectativas*"[102]. Los dos arqueólogos ingleses recuerdan, por ejemplo, cómo un joven arqueólogo italiano "amplió" la distribución de los restos de cerámica micénica en Toscana gracias a un "uso creativo" de la cerámica del almacén de un museo. El fraude arqueológico puede alcanzar dimensiones mucho mayores, como aconteció, hace pocos años, en el yacimiento japonés de Kamitakamori, al norte de Tokio. Allí el arqueólogo director de las excavaciones, un tal Shinichi Fujimura,

---

101 Rudgley1999, p.184.
102 Stoddart y Malone 2001, p. 237.

apodado "la mano de Dios" por la gran cantidad de objetos que conseguía descubrir durante las excavaciones, fue grabado en video, sin saberlo, mientras sepultaba bajo tierra sus "hallazgos" que días después iba a "descubrir" y a presentar como nuevos hallazgos. El arqueólogo admitió posteriormente que iba a la excavación durante la noche para enterrar docenas de artefactos. Durante las disculpas públicas el arqueólogo deshonesto sostuvo que el móvil del fraude fue el peso de tener que hallar yacimientos arqueológicos de periodos antiguos. De los 65 hallazgos descubiertos durante sus excavaciones, ¡61 eran falsos, creados y enterrados por el mismo Fujimura!

Estrato 4.
Extranjeros en su propia tierra
(Lovecraft, los Nativos americanos y otros seres)

> *"Few men exhibit greater diversity, or, if we may so express it, greater antithesis of character than the native warrior of North America. In war, he is daring, boastful, cunning, ruthless, self-denying, and self-devoted; in peace, just, generous, hospitable, revengeful, superstitious, modest, and commonly chaste"*[103].
> (J. Fenimore Cooper "The Last of the Mohicans", 1826)

> *"At all costs, all archaeologists need to remember that like Antaeus, they must continue to 'touch the earth' or They will lose their strength"*[104].
> (J. D. Jennings "Prehistory of North America", 1968)

El término prehistoria, bajo un cierto punto de vista, es una palabra equívoca. Aunque está en uso desde hace más de un siglo, el término nunca ha dejado del todo tranquilos a los arqueólogos.

En su definición etimológica, la palabra prehistoria, como es sabido, significa "antes de la historia" y, en sus variantes lingüísticas, tiene el mismo

---

103 "Pocos hombres muestran una diversidad tan grande, o, si podemos expresarnos de esta forma, antítesis de carácter como el guerrero nativo de América del Norte. En la guerra él es atrevido, jactancioso, astuto, despiadado, abnegado, y devoto. En tiempo de paz es justo, generoso, hospitalario, vengativo, supersticioso, modesto, y a menudo casto".
104 "A toda costa, todos los arqueólogos tienen que recordar que como Anteo, ellos deben de estar siempre en contacto con la tierra o perderán su fuerza".

significado en muchos de los idiomas occidentales: *preistoria, prehistory, prehistoire, vorgeschichte*. Se entiende, de esta manera, el objeto de la investigación como algo que está antes de la historia, de la historia escrita. Los arqueólogos han creado también otro término: *protohistoria*, para indicar el "periodo" entre prehistoria (ausencia total de informaciones escritas) e historia. En este periodo, aunque no existan fuentes escritas directas (es decir, creadas por los mismos hombres y mujeres que vivían en aquella época y que son nuestro objeto de estudio) hay a nuestra disposición una serie de fuentes indirectas, es decir, escritas por individuos contemporáneos a las comunidades estudiadas pero externas a aquéllas. Un ejemplo típico de fuentes indirectas son los escritos de los autores romanos que hablan sobre las formas de vida de pueblos sin escritura, como galos o germanos (véase por ejemplo el *De Bello Gallico* de César o la *Germania* de Tácito). De esto deriva que, en el mismo periodo cronológico, por ejemplo, la segunda mitad del primer milenio a. C., podamos hablar de prehistoria, si nuestro objeto de estudio son las comunidades de Escandinavia, de protohistoria, si hablásemos de culturas celtas o del Levante español, o de historia, si el objeto fueran las *poleis* griegas. Si ampliamos nuestra perspectiva geográfica, técnicamente podríamos afirmar que la prehistoria de Australia llega hasta el momento del descubrimiento por parte de los europeos de aquel continente, visto que los nativos australianos no utilizaban ningún tipo de escritura. Hay que tener en cuenta un aspecto fundamental de este asunto: el término prehistoria no conlleva en sí mismo ningún matiz negativo, simplemente es una definición cronológica y metodológica.

¿Por qué, entonces, esta palabra resulta ser, de alguna manera, equívoca? Ya en los años '60 del siglo XIX, el mismo G. de Mortillet, uno de los principales arqueólogos de su época y uno de los fundadores del estudio del periodo Paleolítico en Francia, intentó resolver toda ambigüedad. Según su definición, el término prehistoria define: *"el tiempo que precede a los documentos históricos, es decir, la documentación escrita. Hemos también utilizado la palabra antehistoria, pero, el prefijo ante- significa "antes" o "contra" y el término antehistoria, podría ser interpretado como "anterior" o como "opuesto" a la Historia. El prefijo pre- tiene un sentido más determinado"*[105].

La definición del término prehistoria depende, de esta manera, de la definición de la palabra historia. Una vez conocida la definición de esta última conoceremos también la definición de prehistoria: "todo lo que está antes". En teoría, los dos términos tienen un valor puramente cronológico; si por historia entendemos *"el estudio del desarrollo de las sociedades humanas a través del*

---

[105] Clermon y Smith 1990, p. 98.

análisis de la documentación escrita"[106], entonces por prehistoria entendemos *"el estudio del desarrollo de las sociedades humanas antes de la existencia de la documentación escrita"*. No obstante el intento de aclarar la terminología, esta definición de la prehistoria en relación a la historia, a la documentación escrita (y luego a las sociedades de la antigüedad con una escritura y una literatura propias, como la griega o la romana) conllevó, desde el principio, ridículos sarcasmos y juicios irónicos por parte de algunos ilustres historiadores, como Mommsen que definió la prehistoria como "ciencia de los analfabetos"[107]. Un siglo más tarde, el arqueólogo italiano Alessandro Guidi, titula el primer capítulo de su *Historia de la Paletnología*[108], "la ciencia de los analfabetos (desde los orígenes hasta 1885)". Una suerte de venganza arqueológica.

Esos, podríamos decir, son "problemas técnicos", como, por ejemplo: definir lo que es escritura, dónde y cuándo se ha desarrollado, la definición de la "frontera" entre los dos conceptos de prehistoria e historia... etc. Problemas más graves se presentan si distorsionamos, de manera consciente o inconscientemente, el significado, en teoría, repetimos, sólo cronológico y metodológico, de los dos términos.

Por ejemplo, si por historia entendemos el sentido del desarrollo de hechos sociales, y añadimos un valor positivo a estos acontecimientos, entonces lo que es pre, es algo anterior, y, como no está incluido en el sentido positivo del desarrollo de los acontecimientos, resulta ser algo extraño, algo no bien definido, no desarrollado, no positivo, algo, en el mejor de los casos, que aún está por desarrollarse. Es este matiz de "lejanía", de "relatividad", de "no plenitud" y la "ambigua veracidad" de lo que está antes del hecho histórico lo que crea la equivocación.

Si pensamos en la historia como algo controlable, entonces lo que está antes es algo extraño e incontrolable. Si la historia es lo que nos rodea, entonces la prehistoria es algo demasiado lejano en el tiempo y en el espacio; si pensamos en la historia como algo positivo, entonces la pre-historia resulta ser algo "pre-positivo" o hasta "anti-positivo". Si la historia es materia de letrados, la prehistoria es el campo de investigación de los no letrados, confundiendo, de esta manera, al sujeto que investiga con la metodología (y el objeto) de la investigación...

---

106 Según la R.A.E.: *"Conjunto de los sucesos o hechos políticos, sociales, económicos, culturales, etc., de un pueblo o de una nación"* y *"Narración y exposición de los acontecimientos pasados y dignos de memoria, sean públicos o privados"*.
107 Guidi 1988, p. 25.
108 "Paletnología" (paleo-etnología): etnología ("estudio de los pueblos") de las sociedades del pasado, antiguas. Este término ha sido, sobre todo en el ambiente académico francés e italiano, sinónimo de Prehistoria.

El dónde y el cuándo empieza la historia y acaba la prehistoria son "fronteras" establecidas por la metodología de la investigación sobre el mismo objeto de estudio: el ser humano. Estos "límites", muy a menudo poco precisos y muy difusos, más que separar, unen dos campos de la investigación: el del historiador, que estudia las fuentes escritas (aunque no exclusivamente aquéllas) y el del arqueólogo, que utiliza las técnicas de la excavación arqueológica (y no sólo). La prehistoria, pensada como periodo (y, de alguna forma, como espacio) es el campo de acción privilegiado por el arqueólogo, pues en ausencia de fuentes escritas, la investigación debe fundamentarse (casi por completo) en la excavación arqueológica[109].

Los conceptos de prehistoria e historia, frecuentemente, van cargados de connotaciones espaciales, véanse las expresiones del tipo: "entrar en la historia", "dar los primeros pasos en la historia", "anclados todavía a la prehistoria" o "salir de la prehistoria". Esta forma de pensamiento se debe a la equivocación que, como hemos visto anteriormente, lleva a pensar que lo que es "pre" es algo incompleto y en movimiento hacia la plenitud de la Historia. Bajo este punto de vista lo que está incompleto, a menudo, es visto también como algo imperfecto, incorrecto, negativo. Estas equivocaciones se fundamentan, creemos, en una concepción teleológica de la vida del ser humano, sobre una suerte de etnocentrismo y egocentrismo; si tomamos como punto de referencia el periodo de nuestra vida y pensamos en este periodo como el mejor, el correcto, el justo, el completo, porque nosotros lo estamos viviendo, entonces nos alejamos de este momento, se difuminan más, de forma progresiva, las características llegando, de esta forma, a un momento de incomprensión y de rechazo emotivo de los periodos más lejanos del momento de nuestra vida. Si, además, añadimos a esto la idea de que cada sociedad puede aprender de los errores de las sociedades anteriores y mejorar en el futuro (la Historia como "maestra de la vida") entonces miramos al futuro como algo mejor, un progreso, mientras miramos al pasado, y sobre todo a la prehistoria, como algo inferior, y a sus "protagonistas" como atrasados en la carrera del progreso.

Para el público en general, más que un valor cronológico y metodológico, la "división" entre Historia y Prehistoria, frecuentemente, tiene un valor psicológico. A causa de los pre-juicios sobre la pre-historia, la Historia goza de una aceptación mayor por parte del público. Para el público en general resulta más cómodo leer la historia que *imaginar* (a través de la literatura arqueológica) la prehistoria. Leyendo la historia se pueden controlar

---

109 Fundamental, para la investigación arqueológica, resulta ser también las técnicas de prospección ("survey") y de análisis del territorio.

nombres de personas y de lugares, entender las ideas de los individuos del pasado, comparar pensamientos y sentimientos, corregir archivos y actas, comprender leyes y atisbar los sistemas cosmológicos de las civilizaciones del pasado, nombrar sus divinidades y comparar sus poderes. Si atendemos a la prehistoria nos damos cuenta que no tenemos evidencia de nombres de personas, de lugares, de dioses, ni tenemos evidencia directa de leyes, cuentos etc. Para muchos (y esto vale también para los prehistoriadores) resulta más complicado escudriñar, a través del efecto "óptico" creado por la técnicas de excavación arqueológica, las sociedades que no nos dejaron fuentes escritas y que, muy a menudo, no compartían nuestra forma de vida (urbana, agrícola o industrial, monoteísta, etc.). Comprendemos entonces que "cruzar el umbral" interpretativo que nos "separa" (y une, a la vez) de otras formas sociales no es una acción intelectual simple.

A los dos términos, Historia y Prehistoria, muchas veces van asociados una serie de conceptos que refuerzan esta frontera teórica, este umbral, creando una separación psicológica entre los dos "lados" de la investigación, entre las dos metodologías, es decir: las sociedades humanas estudiadas a través de las fuentes escritas y las sociedades humanas estudiadas a través de otros tipos de fuentes materiales. A veces inconscientemente, se crea entonces una serie de dicotomías, no siempre apropiadas, asociadas a la falsa oposición Prehistoria/Historia, como por ejemplo: Barbarie-Civilización, Nosotros-Ellos, Primitivos-Modernos, Salvajes-Ciudadanos, Irracional-Racional, Científico-Mágico...

Estas oposiciones no reflejan la relación Prehistoria-Historia, pues estos dos términos no son antitéticos. Esta serie de posibles dicotomías, más bien fosiliza la falsa idea de una separación temporal clara y, sobre todo, de una diversidad cualitativa entre los objetos de los dos campos de investigación. No se trata entonces de una diferencia cualitativa, sino más bien de método y, en ocasiones, de profundidad temporal, aunque, a veces, los dos campos de investigación se solapan cronológicamente (como por ejemplo en el caso de los últimos milenios a. C. donde hay sociedades con escritura, como Egipto, Mesopotamia, Grecia, Roma, y sociedades ágrafas, como en el centro y norte de Europa y en muchas otras partes del Planeta). También las dicotomías Peor-Mejor, Mal-Bien, Malo-Bueno, Inferior-Superior no funcionan a la hora de reflejar la relación Prehistoria-Historia.

Si Lovecraft, como creemos, es un escritor que enfoca su narrativa (por lo menos en parte) sobre el pasado y sobre la relación pasado-presente, podemos buscar, a través de sus cuentos, su idea del devenir histórico y de la posible separación de dos momentos, de dos situaciones culturales diferentes.

Podemos intentar definir en cuál de las dos se sitúa el mismo Lovecraft y también, podemos utilizar una "fuente histórica", es decir, la misma narrativa lovecraftiana, como espejo (o filtro) a través del cual poder observar la idea que hace un siglo tenía el público sobre la arqueología. De la misma forma, a través de las interpretaciones académicas y populares de hechos arqueológicos podríamos esbozar el ambiente cultural de la sociedad de principios del siglo XX en relación con la visión del propio pasado histórico y del pasado prehistórico de la humanidad.

Prehistoria, Arqueología y colonos

Las primeras observaciones de carácter prehistórico en el "Nuevo Mundo" se deben al fraile José de Acosta quien, en una fecha tan temprana como el año 1590, había planteado una hipótesis sobre los orígenes asiáticos de los nativos del continente americano, y había llegado a datar el pasaje de aquéllos a través del Estrecho de Bering, dos mil años antes de la conquista española. Casi un siglo después, en 1648, un tal Thomas Gage notaba la similitud física entre los nativos del continente americano y los pueblos de Mongolia[110].

A pesar de estas interesantes observaciones, se suele afirmar que el primer arqueólogo activo en América del Norte fue nada menos que el mismo Presidente Thomas Jefferson y de hecho fue en 1799 cuando hubo el primer acto oficial de interés sobre las antigüedades pre-conquista, con un cuestionario preparado por el mismo presidente Jefferson para la American Philosofical Society.

Según Sir Mortimer Wheeler, la primera excavación científica en la historia de la arqueología fue llevada a cabo por el Presidente Jefferson en el terreno de su mansión presidencial en Monticello, Virginia. Antes de 1782, año de su elección, el futuro Presidente, dirigió las excavaciones de un túmulo (*mound* en inglés) y tomó precisos apuntes de sus observaciones. En el informe, publicado en 1784, Jefferson refirió que en el túmulo había cuatro estratos superpuestos, cada uno contenía sepulturas múltiples y de sus datos dedujo que, entre los nativos existió la práctica de la sepultura en grupo, sin ni siquiera pensar que aquellas construcciones tumulares podrían no haber sido obra de los indígenas americanos[111]. ¿Por qué Jefferson, podría haber pensado que aquel túmulo hubiera podido no ser obra de los nativos? ¿Quiénes hubieran podido ser entonces sus "arquitectos"?

Desde 1780, cuando los colonos empezaron a extenderse hacia el oeste, los mitos raciales ya habían eclipsado de forma general los mitos

---
110 Guidi 1988, p. 30.
111 Coe, Snow y Benson 1987, p. 25.

religiosos como justificación de la guerra contra los indios y la violación de sus tratados[112]. Una suerte de "ideología" extrema de carácter racista se difundía como un virus entre los colonos de América. La idea era que los nativos eran brutales y belicosos por naturaleza e incapaces de un desarrollo cultural significativo y, por tanto, destinados a desaparecer. A esto hay que añadir que muchos norteamericanos veían en su presunta superioridad la manifestación de la divina providencia.

A lo largo de la colonización de la tierra al oeste de los Apalaches y más allá del río Mississippi, los "blancos" encontraron y destruyeron centenares de túmulos, (de "mounds"), también de tipo similar al excavado por Jefferson, observando cómo en su interior se hallaban, además de inhumaciones, también objetos cerámicos, conchas, cobre nativo y llegaron a la conclusión de que aquellas colinas artificiales y sus ocupantes debían de ser muy antiguas. La corrupta ideología y las falsas leyendas ganaron a la observación directa y al método científico y, mientras que algunos norteamericanos como el naturalista W. Bartram, el reverendo J. Madison y el Doctor J. Mc Culloh llegaron a la conclusión que aquellos túmulos fueron obra de los nativos, muchos otros fantaseaban orígenes muy diferentes, sobre todo orígenes europeos, para aquellas colinas artificiales, como en el caso de B. Bartob, quien atribuyó los *"mounds"* a los daneses, que habrían dado lugar a los Toltecas de México, o el caso del gobernador de Ohio, De Witt Clinton, quien pensaba que eran obra de los vikingos, o de A. Stoddart, quien los identificó como galeses. Entre los colonos se había difundido la leyenda de Madoc, según la cual aquel caudillo medieval habría hecho un viaje hacia Occidente alcanzando el "Nuevo Mundo" y dejando, como descendientes, alguna tribu india con tez blanca, como los Mandan de las Llanuras. Seguramente esta "teoría" influyó sobre J. Smith Junior, el fundador de los Mormones. Él dictó el *Libro de Mormon* gracias a un influjo angélico, en el cual estaban contenidas las relaciones de dos migraciones desde el Santo Sepulcro al continente americano antes de la conquista europea de los siglos XV y XVI. Edward King, vizconde de Kingsboroug, murió en desgracia en el intento de demostrar que los pueblos de México eran los descendientes de las tribus de Israel[113].

La presencia estable de los colonos europeos en Norte América tenía "sólo" un par de siglos y los Estados que se iban formando eran unos recién nacidos si los comparamos con las monarquías y los antiguos imperios europeos. El público norteamericano de la época estaba ansioso porque su continente dispusiese de una propia historia para competir con la europea.

---
112 Trigger 1992, pp. 104-108.
113 Coe, Snow y Benson 1987, p. 24.

Visto el entorno psicológico y social y las expectativas de la opinión pública, la mayoría de los investigadores y del público en general no estaban preparados para adscribir los hallazgos del valle del Ohio y del Mississippi a los antepasados de los nativos americanos, prefiriendo atribuirlos a una raza de "Constructores de Túmulos" (*Mounds Builders*) destruida y expulsada de América del Norte por hordas de salvajes Indios[114]. En la atmósfera racista y generalmente antinativa de entonces nació la convicción de que aquella raza de constructores de túmulos no pudo tener la piel oscura, más bien debía de pertenecer a una raza blanca desaparecida desde hace mucho tiempo[115]. Los nativos americanos eran entonces la causa del desaparecer y declive de aquella hipotética raza y eran una amenaza para la misma civilización. La guerra y el robo de sus tierras eran entonces algo legítimo y justo, dado que según aquella visión, los nativos habían hecho lo mismo con la raza de los "Constructores de Túmulos".

En 1820 Caleb Atwater publicaba su *Descripción de las antigüedades descubiertas en el Estado de Ohio y en otros Estados del Oeste*, en *Transaction*, el primer volumen del American Antiquarian Society. En la obra, el autor dividió los restos hallados en los túmulos de Mid West en tres clases: europeos modernos, indios modernos y Constructores de Túmulos, llegando a la conclusión de que los restos pertenecientes a esta última clase habían sido construidos por los Indios de India, llegados en América del Norte a través de Asia.

En 1833 vio la luz el libro *American Antiquities and Discoveries in the West* de Josiah Priest, donde el autor exponía la teoría de la existencia de la raza desaparecida de los Constructores de Túmulos: fue todo un éxito. Sin embargo, el anatomista y físico S. Morton no consiguió encontrar diferencias entre los cráneos de los "Constructores de Túmulos" y los nativos fallecidos en época moderna.

Unos años más tarde saldría *Ancient monuments of the Mississippi Valley* de E. G. Squier y E. H. Davis. Los dos autores vivían en Ohio, una de las zonas de América del Norte con más densidad de construcciones tumulares, recogiendo muchos datos sobre este tipo de edificaciones en la zona, muchas de las cuales habían sido sucesivamente destruidas. Aunque seguidores de la teoría de la raza de los Constructores de Túmulos, los dos autores crearon una subdivisión tipológica de aquellas construcciones sin entrar en especulaciones raciales.

---

114 Trigger 1992, p. 105.
115 Coe, Snow y Benson 1987, p. 24.

La guerra entre Estados Unidos y México, que terminó en 1848, amplió el sentimiento antimexicano en Estados Unidos. Estaba muy difundida la idea de que los mexicanos fuesen una raza inferior a los blancos norteamericanos a causa del mestizaje de los colonos españoles con los nativos. De hecho, el mismo etnólogo L. H. Morgan reevaluó los éxitos culturales de los pueblos mesoamericanos, negando la evidencia arqueológica y afirmando que los españoles habían exagerado a propósito la grandiosidad de las sofisticadas sociedades azteca y maya con el objetivo de ampliar su mérito en la conquista[116].

Gracias a la iniciativa de J. Henry, en 1856 se publicó una revisión histórica de la arqueología de los Estados Unidos con el título *Archaeology of United States* de S. Haven. En este libro se examinaban de manera rigurosa, y a la luz de la información disponible, muchas de las especulaciones hechas sobre la prehistoria americana, la mayoría de las cuales fueron tachadas de insostenibles. Entre éstas estaba la teoría de los "Constructores de Túmulos".

A pesar de la convicción de Henry de que la colección de datos debe siempre preceder a la teorización, *"la tendencia hacia las interpretaciones caprichosas no disminuyó en absoluto, prevaleciendo entre los arqueólogos aficionados y entre el público en general"*[117].

La destrucción de muchos túmulos y la excavación de algunos, debido a la expansión de los colonos hacia el oeste, sacaron a la luz miles de restos de los pueblos nativos[118]. Tamaña cantidad de datos permitió y empujó su sistematización clasificatoria y su estudio. En el 1862, D. Wilson en su *Prehistoric Man: Research into the origin of Civilization in the Old and New World*, aunque aceptando el mito de los "Constructores de Túmulos", traza una secuencia evolutiva de las civilizaciones de México y Perú independiente de los supuestos influjos extranjeros.

En la segunda mitad del siglo XIX no sólo era difuso el sentimiento antiindiano, sino que había muy pocas personas dispuestas en aceptar que las antigüedades que iban siendo reexhumadas desde el subsuelo fuesen los restos materiales del antiguo esplendor de los pueblos autóctonos. La mayoría proclamaba el primitivismo de las culturas nativas y su sustancial inmovilismo

---

116 Trigger 1992, p. 119.
117 Trigger 1992, p. 108.
118 La devolución de los restos de los antepasados a las tribus nativas contemporáneas, sus descendientes, es conocida como *"Reburial Issue"* ("la cuestión de la reinhumación"). Para una visión de síntesis véase, por ejemplo: http://pcwww.liv.ac.uk/~Sinclair/ALGY399_Site/reburial.html

primitivo, o sea, la ausencia de evolución cultural durante los tiempos prehistóricos.

A finales del siglo XIX, en la investigación antropológica norteamericana, se iba desarrollando una aproximación geográfica a la prehistoria. El subcontinente Norteamérica estaba subdividido en áreas geográfico-culturales, como en las obras de C. Thomas *Introduction to the study of North American Anrchaeology*, en los estudios del renombrado antropólogo F. Boas o en los escritos de W. H. Holmes.

Es importante subrayar el hecho de cómo se estaba ampliando la idea, en el ambiente arqueológico, según la cual la vida de los nativos americanos en el pasado no debía de haber sido muy diferente de la vida de los indios de la época histórica, es decir, de la época colonial. Los cambios en la evidencia arqueológica eran explicados, entonces, no tanto como diacrónicos, o sea, debidos a la evolución cultural y social, sino más bien como cambios geográficos, debidos al movimiento de los pueblos entre una zona y otra. Siguiendo este patrón se pensaba que en aquellas áreas donde no se hubiese encontrado un importante cambio cultural, las condiciones de vida en el pasado debían de ser muy similares a las condiciones de vida del pueblo nativo que vivía en la misma zona en el periodo histórico, colonial. De ello deriva que los datos etnográficos recogidos entre aquellos pueblos podían ser utilizados de manera directa para explicar los datos arqueológicos de la prehistoria de la misma zona.

Generalmente era común la idea de que no habían existido muchas diferencias entre la forma de vida de los nativos en la prehistoria y la de los nativos contemporáneos o de la época colonial, de modo que los esfuerzos empleados para entender el pasado llevaron a los arqueólogos a una relación más estrecha con los etnógrafos y, muy a menudo, con los mismos pueblos nativos. Para los antropólogos empleados en el *Bureau of Ethnology* (rebautizado *Bureau of American Ethnology* en 1884) esta visión "llana" de la historia nativa unía el estudio de la etnología y de la arqueología prehistórica como ramas juntas de la antropología[119]. De hecho había un intento de negar a los nativos americanos, además de los derechos sobre su misma tierra, también una correcta perspectiva histórica sobre sus orígenes, bajo un punto de vista arqueológico[120]. Aquella visión "llana" del pasado de los nativos americanos, no sólo unificó la antropología, sino que también reforzó los tópicos negativos sobre los pueblos primitivos y fue una consecuencia previsible de la división

---

119 Trigger 1992, p. 123.
120 En las últimas dos décadas hubo una ampliación de perspectivas "indígenas" sobre el propio "pasado arqueológico". Véase por ejemplo: Habu, J., Fawcett, C. y Matsunaga, J. M. (eds) 2008. *Evaluating multiples narratives*, New York, Springer.

gubernamental de la investigación arqueológica, basada sobre un tópico subliminal y denigrante del nativo americano[121].

C. Thomas, hacia finales del siglo XIX, demostró que muchas de las estructuras tumulares descubiertas en los Estados Unidos habían sido edificadas después de los primeros contactos con los europeos y que todas aquellas eran obra de los antepasados de los nativos modernos. También intentó demostrar que las sociedades de los pueblos indios que construyeron los túmulos no eran superiores a los pueblos nativos de los siglos XVII y XVIII. Rechazar el mito de los Constructores de Túmulos implicaba no sólo el rechazo total de las adhesiones que siempre había recibido el mito mismo, sino también la infravaloración de los éxitos reales de los diferentes grupos de constructores. Parece que los arqueólogos de la época estaban divididos entre la decisión de asignar a los Constructores de Túmulos una cultura muy avanzada y, entonces, negar que las construcciones tumulares fueron obra de los mismos nativos americanos o aceptar aquellas edificaciones como obras de los nativos y negar que su cultura fuese más avanzada que la de los indios que vivían en el Norte de México durante la época histórica[122].

Nadie estaba dispuesto a admitir que los nativos habían podido desarrollar en el pasado culturas más complejas que las de la época de la conquista. Por esta razón, la destrucción del mito de los Constructores de Túmulos no ha cambiado la actitud popular que prevalecía contra el indio americano. Como confirmación de la supuesta superioridad de los "blancos" sobre la inferioridad de los nativos, las colecciones de Arqueología y Etnografía de los indios eran preparadas en los museos de Historia Natural y no junto a las antigüedades europeas y de Oriente Medio en los museos de arte, y la Prehistoria era enseñada en las Universidades con la Antropología y no con la Historia[123].

Hordas salvajes y extraños rituales. Lovecraft y los nativos americanos

En septiembre de 1919 Lovecraft escribe *La transición de Juan Romero* (*The Transition of Juan Romero*). El cuento, uno de los primeros en ser publicado, no está entre sus mejores creaciones literarias, hasta el punto de que al mismo autor no le gustaba mucho, como escribió en algunas cartas. Nosotros creemos

---
121 Trigger 1992, p. 123.
122 Trigger 1992, p. 124.
123 Para una nueva concepción del Museo de los Nativos Americanos, véase el National Museum of American Indian, en Washington D. C. (http://www.nmai.si.edu/ y Smith, C. 2005. Decolonising the Museum: the National Museum of American indian in Washington D. C., Antiquity, 79, 304, 424-439).

que es un relato breve interesante para la definición de la relación (imaginada) entre Lovecraft y los nativos americanos, que, en este caso, son los indios del Oeste desértico. El tiempo de la acción es el 1894[124].

La construcción de una mina había transformado un desierto solitario en una agitada tierra en la que bullía una vida muy poco recomendable...

"a nearly unpeopled waste to a seething cauldron of sordid life".

Los protagonistas de esta vida sórdida eran los mexicanos que trabajaban en la mina, pielrojas locales, indios de las tribus e indios hispanizados...

"...the mass of Hispanicised and tribal Indians".

Juan Romero, el protagonista del breve relato, venía de un ambiente ínfimo y en él no había nada del "conquistador castellano" o del "noble y antiguo azteca"...

"It was not the Castilian conquistador or the American pioneer, but the ancient and noble Aztec".

Los nativos de aquella zona son, podríamos decir, los peores indios de América, pues, además de ser "pielrojas", algunos tienen sangre mexicana, sin tener rastro ninguno de la sangre noble de los conquistadores españoles o de la nobleza azteca.

Lovecraft nos parece mucho más preciso y convincente cuando hace historiografía que cuando se adentra en la prehistoria. Tomemos como ejemplo el cuento *La casa evitada* (*The Shunned House*, 1924).

El cuento está basado en las investigaciones históricas del mismo Lovecraft sobre el Rhode Island y la ciudad de Providence, la capital. Nos parece un cuento bien logrado, donde el "método" historiográfico de Lovecraft funciona. Nos vamos a detener sobre un aspecto: la frontera entre la Historia y la Prehistoria en el contexto geográfico y cultural dentro del cual se mueve el autor. Este límite (aunque sea muy amplio) se puede trazar con la llegada de los colonos a América del Norte, la sucesiva colonización de la costa atlántica, el "pasaje de propiedad de aquellas tierras" entre nativos y colonos y la relativa sustitución del mundo de los nativos por el mundo de los colonos europeos.

---

[124] Para una breve historia de la ciudadania de los indios americanos en Estados Unidos véase: Yasuhide Kawashima, *Stranger in their own land: American Indian Citizenship in the United States*, en http://www2.univ-reunion.fr/~ageof/text/74c21e88-344.html.

Bajo esta perspectiva, lo que está "fuera" o antes de aquel "nuevo mundo" no es historia sino prehistoria, antes de la Historia o "fuera" de ella. Esto se debe también al hecho de que el método historiográfico no funciona cuando analizamos sociedades sin escritura, como las de los nativos de América del Norte.

El método histórico en este caso es poco apropiado: no hay actas de compra y venta, pasajes de propiedad o actas de bodas para leer en el pasado de los nativos. Prácticamente no hay mestizaje entre individuos nativos y colonos, apenas hay enlaces culturales, vínculos de sangre a través de los cuales identificar relaciones familiares. No hay textos sagrados por analizar y comparar con el texto sagrado de los colonos, la Biblia. Quedan sólo los "restos" de la toponimia de las tierras de los nativos, como los nombres de ríos, montañas, lagos...[125]

Si a esto añadimos el elemento psicológico de los recién llegados, el sentido de misión civilizadora de los blancos, nos damos cuenta del abismo existente entre los dos mundos. El aspecto fundamental, en este caso, es que, no sólo el mundo de los nativos es casi incomprensible para la mayoría de los blancos, sino que también es un mundo tildado por características negativas: es un universo salvaje (entendido también en el sentido etimológico de la palabra, es decir, "de la selva", "fuera de la ciudad"), irracional, y misterioso. Y, si por un lado este mundo hay que destruirlo, borrarlo y aniquilarlo, por otra parte la cultura de los nativos, extraña y misteriosa, cautiva la atención de los recién llegados.

Dado que el método histórico no funciona muy bien, entonces hay que intentar con otros medios, como por ejemplo con la Arqueología o la Antropología, pues todavía quedan restos materiales y "restos humanos vivos" del mundo de los nativos. Como ya hemos visto anteriormente, Arqueología y Antropología están muy vinculadas en Estados Unidos. Hasta donde podemos llegar con la lectura y el análisis epigráfico de los textos es Historia, antes o fuera es Prehistoria.

Si hablamos de la "vieja" Europa, la frontera entre los dos campos y los dos objetos de investigación es mucho más difusa y mucho más antigua pero, si nos alejamos del momento de contacto entre civilizaciones con escritura y pueblos sin escritura, también en el Viejo Mundo emergen los mismos prejuicios sobre lo que es salvaje, primitivo, mágico, misterioso. Para los prehistoriadores, sin embargo, la Prehistoria resulta mucho más clara, evidente, legítima.

---

125 Véase por ejemplo: W. Bright. 2003. What is a name? Reflections on onomastics, *Language and Linguistic*, 4.4, 669-681.

El relato breve *El caso de Charles Dexter Ward* (*The case of Charles Dexter Ward*, 1927) está enfocado en la ciudad de Providence, su antiguo pasado y la pasión por las antigüedades del protagonista.

Charles Ward, desde que era un adolescente, ha sido un amante de las antigüedades y con el paso de los años su devoción respecto a las cosas antiguas ha ido aumentando: historia, genealogía y el estudio de la arquitectura, de los muebles y del arte colonial. Es la descripción del mismo Lovecraft y de sus gustos por las antigüedades y la historia colonial de los Estados Unidos. Es en esas investigaciones, sobre todo en las investigaciones sobre la historia de Nueva Inglaterra, de Providence y de su familia (sin olvidarnos del mundo clásico) donde nuestro autor nos ofrece lo mejor de sí mismo. Lovecraft es una verdadera fuente de informaciones histórico-genealógicas y documentales. Nuestro autor excava en el pasado de las más antiguas colonias americanas (las de Nueva Inglaterra). Nos parece que el escritor de Providence quisiese encontrar una especie de "parte contraria" americana respecto a la profundidad histórica de Europa y del mundo clásico.

La misma Providence parece Roma según las sugestiones que suscita en Ward(-Lovecraft), la capital de Rhode Island es una "ciudad venerable" que permite verdaderas "aventuras en el pasado" a quien está dispuesto a pasear prestando atención por sus calles. Se presenta como una ciudad con un conjunto histórico-arquitectónico muy amplio. Si alcanzáramos las colinas y sus alrededores llegaríamos a los niveles más antiguos y extraños de la ciudad vieja, hasta poder observar una casa prehistórica con el tejado abuhardillado...

"prehistoric gambrel-roofer".

Providence es el centro del "nuevo mundo", su alma, el testigo de su más antiguo pasado y al mismo tiempo es una "ciudad onírica"... La antigua ciudad que soñaba: la vieja Providence; aunque para un europeo, una ciudad del siglo XVII es una ciudad relativamente joven, nueva.

Para encontrar de nuevo la confirmación de algunos de los temas preferidos de Lovecraft, que encajan en su "definición" del pasado prehistórico, de la relación entre "barbaros" y "civilizados", vamos a analizar parte del cuento *Los horrores de Dunwich* (*The Dunwich horror*, 1928). El escritor nos presenta extraños rituales y reuniones de indios...

"...old legends speak of unhallowed rites and conclaves of the Indians".

...con salvajes ritos orgiásticos...

"...wild orgiastic prayers".

...practicados por parte de los indios que habitan las colinas a las afueras de la ciudad. Estos lugares están coronados por círculos de piedra...

"...hill-crowning circles of stone pillars".

...desde donde salen hedores aterradores, hedores nunca olidos antes y que tenían que llegar desde lugares insanos.

Los tópicos de la literatura de Lovecraft se entrelazan entre sí: un ambiente desconocido, natural, no urbanizado y no civilizado (las colinas), las leyendas de los nativos de la zona, leyendas que son obsoletas y ridículas...

"obsolete and ridiculous".

...y los grandes anillos de columnas de piedra que cubren depósitos de cráneos y huesos, los cementerios de los indios (en este caso de los Pocumtuck).

El protagonista del cuento en este punto de la ficción literaria nos sugiere la hipótesis propuesta por muchos etnólogos, según la cual aquéllas son "ruinas caucásicas"

"...remains Caucasian".

Es decir, los restos de una civilización blanca.

La atmósfera de impiedad no sólo rodea al pueblo de Dunwich, sino también a la hija del brujo Whatley, Lavinia, la cual, aislada entre misteriosas influencias, amaba abandonarse a sueños salvajes con ojos abiertos...

"...wild and grandiose day-dreams".

...y que, curiosamente, comparte el nombre con una de las más famosas figuras femeninas de la épica romana, aquella Lavinia, legendaria princesa itálica, hija del rey Latino y de la reina Amata que, según la tradición épica latina, fue esposa de Eneas (y madre de Silvio) y juntos fundaron una nueva ciudad que el héroe troyano bautizó, en honor a su esposa, Lavinium.

En el cuento *Los horrores de Dunwich* encontramos una suerte de movimiento pendular a través del vínculo entre tríadas: las colinas, el pueblo de Dunwich y la ciudad de Arkham; lo que es salvaje, lo que es colonial y lo que es urbano; lo ancestral, lo viejo y lo nuevo; el fondo, lo externo y el centro; Nueva Inglaterra, Providence y Nueva York. El diabólico protagonista del relato breve nace en una cabaña aislada a las afueras del pueblo de Dunwich y junto a la madre frecuenta las extrañas colinas de los alrededores; va a la biblioteca de Arkham (dos veces), y vuelve al pueblo de Dunwich sembrando el horror. Quienes al final vencerán sobre el mal son tres hombres llegados desde la ciudad de Arkham, que lo derrotan encima de las colinas y que aconsejarán destruir los círculos de piedra con dinamita. Es la ciudad, lo urbano, lo que es nuevo, que destruye a la antigüedad del paisaje ancestral. Son los civilizados, los urbanos (los ilustrados, los racionales) que reconocen e intervienen en la antigüedad de lo que está fuera de la ciudad (salvaje e irracional).

Del mismo año es *La maldición de Yig* (*The curse of Yig*). Este cuento, escrito por Lovecraft, tiene como base una idea de una aspirante escritora contemporánea a él, Zelia Brown Bishop. En esta historia nuestro autor, a través de sus personajes, se enfrenta aún más de cerca a los nativos americanos. El protagonista es un etnólogo especializado en las culturas de los indios de América y la aventura se desarrolla en un territorio que es todavía "muy indio", entre Oklahoma y Arkansas. En esta zona la presencia colonial es todavía escasa en comparación con la costa este. Son tierras "vírgenes", aún por explotar de mano de los colonos, y su anexión a los Estados Unidos es todavía reciente. En estos territorios la historia de los colonos no tiene la misma profundidad cronológica que las antiguas colonias de Nueva Inglaterra. Se trata de colonos recién llegados, de primera generación, como en el caso de la pareja de personajes del cuento.

Oímos el sonido de los tambores hasta el punto de que la misma sensación de terror de este cuento está basada en el tema del sonido de este instrumento, de su ruido sin fin, mientras la cumbre del horror es subrayada por el repentino cese de este sonido. El autor nos explica que el sonido de los tambores servía para alejar a Yig, el dios-padre de las serpientes, y para invocar la ayuda de Tirawa, el dios-padre de los hombres...

> *"they kept the drums pounding to drive Yig away, and called down the aid of Tirawa, whose children men are, even as the snakes are Yig's children..."*

...aquel sonido que el protagonista consideraba como el baluarte contra el mal absoluto...

"...of a mighty, intangible bulwark against evil".

...la superstición, la magia. La presencia india en estas zonas es tan fuerte que obliga a los colonos a asumir comportamientos extraños y parecidos a los de los nativos: el mismo Walker, uno de los colonos protagonista de la aventura, danzaba, con un disfraz, siguiendo el sonido de pitos, sonajeros y tambores...

"...and danced in proper regalia to the sound of whistle, rattle, and drum".

...y así como los nativos de Oklahoma central celebran "orgías secretas" siguiendo el latir sin fin de los tambores, también los colonos ofrecen una demostración de las más antiguas y extrañas formas de superstición y ritualidad, aunque de forma inconsciente, organizando, con el sonido del violín, una fiesta para Halloween: ellos no lo sabían, pero aquella fiesta derivaba de un rito *"más antiguo que la misma agricultura, el aquelarre de las brujas de las primordiales razas pre-arias..."*

"...older than even agriculture; the dread Witch-Sabbath of the primal pre-Aryans".

Esta última frase nos parece interesante y añadida con el fin de sumar la ignorancia de los colonos a la superstición de los nativos. Nuestro autor hace alusión a la posible existencia de una ritualidad más antigua que la práctica de la agricultura, y esto es verdad, dado que la agricultura es un "invento" relativamente reciente, se remonta "sólo" al Neolítico. La segunda parte de la frase, combina, sin mucha lógica, elementos del folclore medieval y del misticismo pagano (como un aquelarre de brujas) con una dato, diríamos, arqueológico, es decir, la cita de los primordiales pre-arios, una raza que supuestamente ha existido antes que los pueblos arios, antes, digamos, que los europeos. ¿Adónde se remonta el uso de este término? ¿Qué quiso decir Lovecraft?

La problemática del "indoeuropeo" y del vínculo entre evidencia lingüística y evidencia arqueológica (y temáticas raciales), entre idiomas indoeuropeos, los "arios" y la prehistoria es muy amplia. Para una buena introducción al tema podemos aconsejar el libro del arqueólogo inglés Colin Renfrew *Arqueología y lenguaje*[126]. Gracias a esta obra podemos fijar algunas

---

[126] La bibliografía sobre el tema es muy amplia; como textos de referencia podríamos indicar: Gimbutas, M. 1992. *Die ethnogenese der europäischen Indogermanen*. Innsbrück, Institut fur Sprachwissenschaft der Universität.; Anthony, D. W. 2007. *The horse, the wheel and Language*.

ideas y subrayar sólo algunos datos que nos puedan ayudar a comprender como, a principios del siglo XX, el público y Lovecraft mismo habrían podido hacerse una idea sobre el tema de los "arios" o del "indoeuropeo".

En 1813 el erudito Thomas Young crea el término "indoeuropeo" para definir el vasto grupo de idiomas emparentados entre sí que comprende, entre otros, el inglés, el italiano, el latín, el español, el griego, el celta, las lenguas eslavas, el sánscrito etc. El término "ario" viene de los "Himnos del Rigveda", escritos en el siglo XVI en un idioma del grupo indoeuropeo, en India, pero que se remontan a una época mucho más antigua, posiblemente al 1.000 a.C. y difundidos de forma oral de siglo en siglo hasta el momento de su redacción escrita. En algunos de estos himnos se invoca a los dioses para que ayuden los guerreros arya a derrotar a sus enemigos: los dasya. Muchos investigadores, tras el análisis de los himnos del Rigveda, llegaron a la conclusión de que algunos de aquellos pasajes hacían referencia a la conquista del territorio del que se habla en el texto (es decir, el Punjab de hoy en día) por parte de heroicas tribus nómadas: los arya. Con esta idea empezó la búsqueda, al principio sólo filológica y después también arqueológica, de la patria de aquellos aryas, los arios conquistadores de las tribus del norte de India a finales del II milenio a.C.

En 1890, O. Schrader, en su *Prehistoric antiquities of the Aryan people*, publicado en inglés en Nueva York, fundamenta, por vez primera, la teoría según la cual la patria originaria de los arios (= aquellos pueblos conquistadores que hablaban un idioma indoeuropeo) fuese lo que hoy en día es Rusia[127]. Ya en el título de la obra, disponible en los Estados Unidos desde finales del siglo XIX, hay una clara relación entre los términos "prehistoria" y "arios". Schrader no fundó su teoría sobre la evidencia arqueológica, pues en aquella época todas las argumentaciones sobre el tema se basaban en la evidencia lingüística.

En el mismo año es publicado un escrito del canónico Isaac Taylor con el título *Origins of the Aryans. An account of the prehistory, ethnology and civilization of Europe* donde se propone, como patria de los pueblos hablantes de idiomas indoeuropeos (=los arios), las estepas de la Rusia europea. En

---

Princeton, Pronceton Univerity Press.; Mallory, J. P. 1989. *In search of the Indo-Europeans: language, archaeology and mith*. London, Thames and Huston. Para una crítica a la teoría tradicional del Indoeuropeo y a la teoría de Renfrew, véase: Alinei, M. 2003. Interdisciplinary and linguistic evidence for Paleolíthic continuity of Indo-European, Uralic and Altaic populations in Eurasia, *Quaderni di Semantica*, 24, 2.; Alinei, M. 2000. *Origini delle lingue d'Europa*, Bologna, Il Mulino.; Ballester, X. 2006. Indoeuropeo, una lengua para cazadores y recolectrices, *Verba: Anuario galego de Filoloxia*, 33, 49-68.; Ballester, X. 2004. Indoeuropeización en el Paleolítico: una réplica. *Estudis Romànics*, 26, 217-236.
127 Renfrew 1999, 38.

aquel periodo, el mismo Thomas Huxley escribe sobre el tema: *The Aryans Question and Pre-Historic man* (Collected Essays, vol 7, 1893-94). Aquellos "arios prehistóricos" debían de ser entonces los antepasados de los europeos históricos, los primeros en haber dejado un testigo escrito de los idiomas indoeuropeos. Poco después se creó la relación directa, no sólo lingüística, sino también arqueológica (cultural) y racial (de sangre) entre aquellos arios/indoeuropeos prehistóricos, de los cuales se intentaba reconstruir el idioma a través del análisis de las lenguas documentadas en Europa y Asia, y aquellos mismos pueblos europeos, sus supuestos descendientes. Es justo a finales del siglo XIX cuando surge la idea de la supuesta superioridad de los indoeuropeos, desde aquel momento asociados con las características físicas de los nórdicos, es decir, ojos azules, alta estatura y pelo rubio.

Hay que recordar que ya en 1888, el lingüista Max Müller afirmaba en su Biographes of Words and the Home of the Aryans que el término "indoeuropeo" se refería al idioma y no al pueblo o a los grupos de pueblos. Claro está que los idiomas son hablados por pueblos, pero esto no justifica el hecho de que se pueda hablar de "indoeuropeo" o "arios" en un sentido diferente al de "personas que hablaban los idiomas en cuestión".

Un par de años antes de que Lovecraft escribiera *La maldición de Yig*, de 1928, otro importante libro fue publicado: en 1926. Vere Gordon Childe, uno de los más famosos arqueólogos de la época, escribió *The Aryans. A study of Indo-europeans origins*, publicado en Londres por el editor Kegan Paul. Childe, a partir de la distribución de la cultura nórdica de las hachas de combate, utilizadas por unos pueblos en aquella época identificados como los primeros europeos, sugería la hipótesis de un origen de aquel ethnos, (= pueblos), en un centro común, situado en las estepas de la Rusia meridional. Los "arios" constituían, según Childe, el vehículo de todas las innovaciones más importantes de la prehistoria europea[128].

Además, a pesar de su radicalismo de izquierdas, Childe no quedó inmune ante la especie de racismo que presuponía su visión histórico-cultural de la prehistoria europea. En *The Aryans* afirmó, de hecho, que el éxito de los arios (=indoeuropeos) no era debido a que poseyesen una cultura material más desarrollada o una inteligencia natural superior a los restantes pueblos, más bien se debía al hecho de que hablaban un idioma superior y de que se habían podido aprovechar de una mentalidad mucho más competente gracias a su idioma. A principios del siglo XX se había consolidado la relación entre arios, indoeuropeos, idioma, pueblo, raza, orígenes de los europeos modernos (y

---
[128] Guidi 1988, p. 100.

orígenes de las tradiciones europeas históricas, del mundo clásico) y, si vamos un poco más allá, esta relación abarcaba también la cultura de los colonos de América del Norte (descendientes de los europeos).

Los temas fundamentales presentados en *La maldición de Yig* son ampliados en el relato *El túmulo* (*The Mound*, 1929-30)[129]. Tampoco este cuento, como *La maldición de Yig*, es del todo original, estando, como el anterior, basado en una idea de Zelia Brown Bishop. Aún así, la historia contada por Lovecraft encaja perfectamente en su fantástica visión cosmogónica. Podríamos decir que las ideas que fundamentan estos dos cuentos confieren una suerte de "exotismo" a las aventuras, de hecho se desarrollan en Oklahoma y no en Nueva Inglaterra. Nos parece muy interesante la idea de Bishop, o sea, contextualizar el cuento alrededor de una construcción de los nativos, un túmulo paleo-indio. Tenemos un "origen arqueológico" como base del cuento, y se trata de uno de los relatos "más arqueológicos" escritos por nuestro autor. El protagonista, el mismo de *La maldición de Yig*, está convencido de que la entrada en aquella estructura artificial hubiera constituido el descubrimiento más importante de su carrera profesional...

"*...the most important archaeological feat of my career*".

Pero ¿quién es el protagonista efectivo de este relato? La historia se desarrolla sobre dos niveles narrativos: el primero, más amplio, como perspectiva, es el nivel narrativo del etnólogo-arqueólogo contemporáneo a los lectores, nivel que comprende el relato del segundo narrador, un tal Zamacona, el protagonista "antiguo" de las aventuras redactadas sobre un manuscrito encontrado por el arqueólogo. Son dos puntos de vista de un mismo "hecho", es decir, el descubrimiento del mundo subterráneo de K'nyan. Cuatro siglos separan las dos aventuras.

Además de compartir la misma experiencia, los dos protagonistas comparten el hecho de que provienen de lugares diferentes respecto al lugar de la acción, el túmulo: Zamacona es Español, el arqueólogo es de Virginia, de la costa oriental. Los dos son ajenos tanto al mundo subterráneo de K'nyan, como al ambiente de Oklahoma, en las llanuras centrales de los Estados Unidos,

---

129 Con el término "mound" los arqueólogos americanos se refieren a los túmulos de tierra, construidos por los nativos americanos, que cubren, sobre todo, los territorios orientales de los Estados Unidos y el valle de Ohio. El conjunto más impresionante de estas construcciones tal vez es Moundville ("la ciudad de los túmulos"), constituida por un enorme túmulo central y varias construcciones tumulares más pequeñas a su alrededor. Los arqueólogos ingleses prefieren el término "Barrow" para indicar los túmulos de la prehistoria de Gran Bretaña. http://moundville.ua.edu/

y al ambiente de los nativos americanos de aquellas zonas. No comparten la *forma mentis* ni de los colonos de Oklahoma ni de los nativos americanos. Ambos descubren "dos nuevos mundos": el español descubren el nuevo mundo de K'nyan y el nuevo mundo del continente americano, mientras que el arqueólogo de Virginia, descubren el nuevo mundo de K'nyan y el "nuevo mundo" de Oklahoma, diferente a su lugar de origen. Tenemos un tercer punto de vista, aunque menos evidente, pero aún así presente: es el punto de vista nativo y se desarrolla a través de los ojos de un jefe Wichita, un tal Aguila Gris, contemporáneo del protagonista arqueólogo y de la experiencia del guía indio de Zamacona.

Hay un aspecto fundamental que une a los dos protagonistas: la necesidad de experimentar la aventura, lo extraordinario, la necesidad casi biológica del descubrimiento. Zamacona, hace cuatro siglos, decidió seguir a su guía indio porque sentía que detrás de los pasillos excavados en la roca por debajo de la construcción tumular debían de esconderse maravillosos secretos y la posibilidad de aventuras emocionantes...

"... but he did feel that some sufficiently marvellous field of riches and adventure must indeed lie beyond the weirdly carved passages in the earth".

...y esta posibilidad de emocionantes aventuras es como la madre de todo descubrimiento arqueológico, la motivación para empezar la búsqueda del pasado.

El etnólogo protagonista descubre un nuevo mundo subterráneo, K'nyan, que se puede visitar a través de la bajada al subsuelo. El túmulo es la "puerta" que permite la entrada a los largos pasillos excavados en la roca, que nos llevan hasta aquel mundo fantástico.

El túmulo no es, según esta perspectiva fantástica, una construcción de los nativos de la zona, ni de sus antepasados, ni una construcción funeraria, ni una plataforma sagrada de los Wichita de la tradición, sino más bien se trata del umbral de un nuevo mundo. El mismo Águila Gris, un nativo de la zona, aconseja no excavar el túmulo, siendo aquello un lugar extraño y maléfico.

Lo que se veía por el día, encima de la construcción, y que se creía un fantasma de un nativo era, sin embargo, algo diferente. El protagonista etnólogo observa que los nativos modernos son braquicéfalos, es decir, de cabeza redonda, mientras que la cabeza del supuesto fantasma que se veía desde lejos, era dolicocéfala, de forma alargada, como la de los europeos. Este hecho hizo creer al etnólogo que aquel hombre no pudo ser un salvaje, sino, más bien, el producto de una civilización...

> "...this man, whoever or whatever he might be, was certainly not a savage. He was the product of a civilization..."

La introducción del cuento es, a diferencia de *La maldición de Yig*, un intento por parte de Lovecraft de ponerse al día, y poner al día a sus lectores, de la historia del Oeste colonial, una especie de preámbulo necesario, dado que la idea de la localización geográfica del relato, como hemos dicho, no es original de Lovecraft, sino de Bishop, una escritora que vivía en Oklahoma.

También con este cuento, Lovecraft "encuentra", aunque sólo en la ficción literaria, a los nativos americanos todavía muy presentes en el Estado de Oklahoma.

El autor debe confrontarse con el pasado de los nativos, con su prehistoria y su historia antes de la colonización, pues el núcleo del cuento es un túmulo, un *"mound"*, supuestamente indio, tema elegido, repetimos, no por el mismo escritor de Providence, sino por la aspirante a escritora Zelia Bishop. El relato fue escrito entre los años 1929-30, cuando Lovecraft ya está lo suficientemente acostumbrado a escribir sobre temáticas "fantástico-históricas" y no puede ignorar algunos datos científicos de su material narrativo, es decir, la prehistoria de los nativos americanos. ¿Qué resultados tenemos?

Nos parece bastante claro que a Lovecraft no le interesa la esencia de la prehistoria de Oklahoma, o de la historia de los nativos americanos de la zona, sino más bien toma esta temática simplemente como motivo, como marco "cultural-literario" para crear el terror. Lovecraft tiene poca familiaridad en el tratamiento de temas de prehistoria y también en este cuento, aunque demuestre familiaridad con las fuentes históricas, evidencia su casi completa ajenidad a los hechos arqueológicos (pero, *An introduction to the study of Southwest Archaeology* de Kidder es de 1924, seis años anterior al cuento).

El *incipit* del cuento, parece enunciado por el mismo Lovecraft en primera persona: *"desde hace pocos años la opinión pública ha dejado de considerar el Oeste como un mundo nuevo... Pocas veces nos detenemos a pensar que existen asentamientos, pueblos[130] antiguos de dos mil quinientos*

---

[130] "Pueblo" es un término utilizado para describir las modernas (y antiguas) comunidades de nativos americanos del Suroeste de los Estados Unidos. Véase, por ejemplo: Old Pueblo Archaeology Center (http://www.oldpueblo.org/), o Pueblo Grande Museum Archaeological Park (http://phoenix.gov/parks/pueblo.html).

años... No nos asombra el descubrimiento de una cultura mexicana que se remonta a diecisiete mil y dieciocho mil años antes de Jesucristo... Los europeos han desarrollado más que nosotros el sentido que permite entender la extrema antigüedad de las civilizaciones que se han sucedido..."[131].

Tras algunas líneas introductorias, entra el punto de vista filtrado del narrador-protagonista con una frase algo extraña, si la pensamos dicha por un antropólogo especializado en culturas de los nativos: "...*soy consciente de la asombrosa y casi horrible antigüedad del Oeste*..."

"*I have a deeper sense of the stupefying—almost horrible— ancientness of the West*".

Es el mismo Lovecraft quien está asombrado y asustado por la antigüedad de las culturas de los nativos americanos. Es nuestro autor, a través de las palabras de su creación literaria el que es consciente (finalmente) de la antigüedad de las culturas de los nativos de América del Norte y este hecho le parece casi horrible. Bajo el punto de vista arqueológico, Lovecraft, y ya estamos en los años '30, no obstante, nos presenta algunos datos técnicos (un par de fechas absolutas, como el 2.500 b.p. para unos asentamientos Pueblo y el 17-18.000 para algunas culturas de los nativos y una fecha relativa, "hombres primitivos contemporáneos de especies extinguidas") y nos parece anclado todavía a sus prejuicios raciales e históricos, dictados, sobre todo, por el miedo a la confrontación con otras historias y por la ignorancia de los hechos tratados.

Bárbaros aún por civilizar. Lovecraft y la prehistoria europea

Si por un lado, Lovecraft nos demuestra la antigüedad de Providence y de Nueva Inglaterra y nos revela la aterradora antigüedad de algunas comunidades Pueblo, por el otro nos describe la mítica antigüedad del mundo

---

[131] "*It is only within the last few years that most people have stopped thinking of the West as a new land. I suppose the idea gained ground because our own especial civilization happens to be new there; but nowadays explorers are digging beneath the surface and bringing up whole chapters of life that rose and fell among these plains and mountains before recorded history began. We think nothing of a Pueblo village 2500 years old, and it hardly jolts us when archaeologists put the sub-pedregal culture of Mexico back to 17,000 or 18,000 B.C. We hear rumors of still older things, too—of primitive man contemporaneous with extinct animals and known today only through a few fragmentary bones and artifacts—so that the idea of newness is fading out pretty rapidly. Europeans usually catch the sense of immemorial ancientness and deep deposits from successive life-streams better than we do. Only a couple of years ago a British author spoke of Arizona as a "moon-dim region, very lovely in its way, and stark and old —an ancient, lonely land".*

clásico, sobre todo la acción civilizadora del Imperio Romano, con el cuento *La antigua raza* (*The very old folk*, 1927). Podríamos instaurar esta relación: según Lovecraft, Providence es al mundo colonial americano, como Roma es a su Imperio.

Ambos representan la frontera de la civilización, el límite de las costumbres, más allá de la cual hay sólo barbarie, tierras de salvajes, no civilizados. Es también un límite temporal más allá del cual encontramos sólo la prehistoria misteriosa (que Lovecraft, como hemos visto, no conoce muy bien). Como únicas "islas" en un océano de barbarie, emergen el Antiguo Egipto y Babilonia, lugares históricos conocidos a través de la arqueología y a través del testigo de la Biblia, que a finales del siglo XIX, recordemos, era todavía fuente de conocimiento histórico. Si antes de la llegada de los colonos a América había solo bárbaros salvajes, de la misma manera, en Europa, fuera de la órbita de los dominios imperiales de Roma, existía sólo la oscuridad de la superstición y de extraños rituales. *Ex oriente lux* es decir, la luz llega desde oriente, como afirmaban algunos historiadores y arqueólogos de principios del siglo XX: Antiguo Egipto, Babilonia, Grecia, Roma y después las colonias americanas.

Fuera de la "luz emanada por Roma" y de la "luz emanada por las colonias americanas", según la perspectiva de nuestro autor, sólo hay "extraños misterios", "rituales atemorizadores", "ocultas creencias", "ritos orgiásticos y abominables", "salvajes campesinos aislados", "peligros que no hubieran debido tener lugar en las tierras del pueblo romano". Parece la típica descripción de los nativos americanos y de las tribus de las Fiji o de los extraños esquimales que rezaban a diabólicos dioses… Sin embargo, es la descripción que Lovecraft hace de las tribus ibéricas todavía fuera del dominio de Roma en el cuento *La antigua raza*. Como en América son las colonias el mundo civilizado y civilizador, así en la antigua Europa fue Roma el agente civilizador de los pueblos salvajes.

El mismo sonido de los tambores que hemos encontrado como efecto acústico para aumentar la sensación de misterio y terror en las aventuras entre los salvajes del Oeste americano, lo hallamos también en la narración de las ocultas creencias de las tribus de la Cordillera Cantábrica: "*un horrible golpear de tambores bajó de las alturas con un ritmo terrible…*"

"*…hideous beating of strange drums floated down from afar in terrible rhythm*".

Se trata de una invención literaria de Lovecraft. No nos parece que los

Cántabros (o los Astures u otros pueblos de la costa atlántica de la Península Ibérica) hiciesen un uso específico de las percusiones en sus rituales, pero sí que parece ser cierto que los guerreros cántabros cantaban mientras eran crucificados por los soldados romanos en sus tierras recién conquistadas por las legiones[132].

La percusión es uno de los sonidos más ancestrales producido por el hombre[133]. Está evidentemente asociado a la danza, al movimiento del cuerpo, de la cabeza, brazos, piernas, a las danzas africanas y a los nativos americanos. Dos excepcionales ejemplos de tambores prehistóricos son el tambor hallado en el yacimiento neolítico de Mrowino, en Polonia, y el de Rössen, en Alemania[134].

Lamentablemente, a causa de su misma naturaleza, la música prehistórica no es muy conocida, la mayoría de los instrumentos debían de estar hechos con materiales perecederos, como la madera y las pieles. Una de las mejores formas de aproximarnos a la música de la prehistoria es el arte visual. La venus de Laussel tiene en su mano derecha lo que parece ser un cuerno[135] (¿para producir un sonido?), mientras que el delgado individuo de la bellísima pintura de los cazadores de Pahli, en Tanzania, está tocando una flauta[136]. En Toro Muerto, Perú, los grabados rupestres presentan una escena de danza y música donde ritmos y sonidos están representados gráficamente con puntos y líneas alrededor de los danzantes, que llevan máscaras y que se mueven y bailan confiriendo un dinamismo excepcional a la escena. Lo mismo podríamos decir de otra escena, representada en un grabado de Valcamónica[137].

Una de las imágenes más misteriosas de la prehistoria europea es la que representa a un grupo de individuos en movimiento, hombres y mujeres, que constituyen la parte superior del conjunto de grabados rupestres de la cueva de Addaura, en Sicilia. El grabado es muy antiguo, se remonta al Paleolítico Superior o al Mesolítico, contemporáneo entonces (o un "poco" posterior) a muchas de las cuevas de la Cordillera Cantábrica. En la representación de la cueva siciliana

---

132 Almagro, Arteaga, Blech y Ruiz Mata 2001.
133 El rol de la música en la Prehistoria era fundamental. La relación entre música y hombre es aún más estrecha si la relacionamos con el arte visual. Estudiando el arte parietal de los aborígenes australianos J. Clegg se preguntaba si acaso era más importante la figura o su significado y las canciones asociadas. Elkin afirmaba que la manifestación física del arte gráfico de los aborígenes era un producto, un residuo de sus canciones.
134 Rudgley 1999, p, 208 y figs. 35 y 36.
135 Anati 1999, p. 23, fig. 12.
136 Anati 1999, p. 10, fig. 1.
137 Anati 1999, p. 13, figs. 2 y 3.

podemos observar a ocho individuos alrededor de otros dos tumbados en el suelo. La escena podría representar una danza: la que parece ser una mujer, se dobla hacia hacia el suelo, otras dos figuras tienen los brazos levantados, dos aparecen estáticas, mientras otras parecen estar bailando en círculo alrededor de los dos personajes tumbados en el suelo. Estos dos individuos son los más enigmáticos de la composición: ¿están también bailando? Parecen asumir una postura bastante extraña y no natural, parecen tener unas convulsiones, tal vez tienen los pies atados y se están contorsionando desnudos en el suelo... ¿Son los protagonistas de una extraña danza-ritual?[138]

Nos parece que Lovecraft advierte una suerte de paralelismo entre la expansión del dominio de Roma en el Mediterráneo y en el continente europeo, y la expansión del dominio colonial en América del Norte, entre el supuesto movimiento civilizador llevado a cabo por las legiones romanas en el Viejo Continente y el supuesto avance civilizador de los colonos en los Estados Unidos. Nuestro escritor vincula la barbarie de los pueblos fuera de la órbita romana y aún por civilizar con la barbarie de los pueblos nativos americanos fuera del control colonial y aún por someter. Lo que está fuera o antes del dominio romano es salvaje, no civilizado, negativo, oscuro, exactamente como lo que está fuera o antes del sistema colonial americano. La Historia la escribió Roma y ahora la están escribiendo las colonias americanas.

A diferencia de lo que pasa en Europa, como ya hemos visto, en los Estados Unidos, la distinción entre los campos de investigación de la Arqueología (prehistórica) y de la Antropolgía no es tan fuerte, y esto es debido a la situación contextual de las dos áreas geográficas y al desarrollo interno de la investigación.

Si en Europa el límite, aunque muy impreciso, entre historia y prehistoria, entre el estudio de las fuentes escritas y la investigación arqueológica, está, en esencia, marcado por la romanización del continente (con las debidas excepciones y oscilaciones de los conceptos mismos de "romanización"[139] y de "Europa"), en América del Norte aquel límite es mucho más reciente.

Si en el Viejo Continente las sociedades sin escritura, con las debidas excepciones, ya no existen desde hace cerca de dos mil años y tiene que ser entonces la Arqueología prehistórica la "ciencia" que se ocupa de salvar este hiato y penetrar en la prehistoria, en el Nuevo Continente las sociedades sin

---

138 Vigliardi 1999, p. 68, figs. 36 y 51.
139 Véase por ejemplo: Jones, S. 1997. *The Archaeology of ethnicity. Constructing identities in the past and present*. London-New York, Routledge.

escritura, que coinciden con las comunidades de los nativos americanos, son mucho más cercanas a nosotros, hasta el punto de que algunos "restos vivientes" de aquellas comunidades existen todavía hoy en día. La arqueología entonces encaja, en este caso, en un ámbito antropológico y etnográfico, siendo estas dos las ciencias sociales que investigan las sociedades contemporáneas (sobre todo las ajenas a la occidental). La Arqueología, en el contexto americano, es entonces un componente más, pero fundamental, para el análisis diacrónico de las sociedades de los nativos americanos.

En los tres anexos que siguen proponemos, como contextualización cronológica y cultural de algunos temas tratados en las páginas anteriores, una cronología de la conquista de la Península Ibérica por parte de Roma, una cronología de la colonización de América del Norte por parte de los colonos europeos, y una cronología de los descubrimientos arqueológicos básicos para la definición de la evolución humana en el siglo XIX y principios del siglo XX.

Anexos.

ANEXO 1

Cronología de la colonización romana de la Península Ibérica (219 a.C. - 13 a.C.)[140]

219-218 a.C. - Sitio de la ciudad de Sagunto por Aníbal.

217 a.C. - Victoria naval romana cerca del delta del Ebro y desembarco del ejército romano en Sagunto.

215 a.C. - Victoria romana contra Asdrúbal cerca del Ebro.

212 a.C. - Liberación de Sagunto.

211 a.C. - El ejército de Publio Escipión y Cneo Escipión se enfrenta con el ejército cartaginés. Victoria de Asdrúbal y pérdida para los romanos de todo el territorio al sur del Ebro.

210 a.C. - Llega a la Península Ibérica el joven Publio Escipión, hijo de Publio padre, que consigue conquistar Carthago Nova (Cartagena).

---

[140] Cronología basada en el texto de Churcin 1996.

208 a.c. - Victoria de Asdrúbal en Baecula (cerca de Cástulo), acceso al río Betis y a todo el territorio.

206 a.c. - Victoria decisiva cerca de Sevilla de Escipión contra Asdrúbal y represiones de Escipión contra las tribus ibéricas aliadas con los cartagineses. Expulsión definitiva de los cartagineses de Iberia.

197 a.C. - En Roma, con las elecciones de los magistrados, se crean dos pretores adjuntos; su provincia es Hispania, naciendo la necesidad de un comando autorizado para el control directo de los nuevos territorios conquistados. Creación de las dos provincias de Hispania Citerior e Hispania Ulterior. Importantes rebeliones agitan las dos provincias.

195 a.C. - Preocupado por las tensiones, el senado envía un cónsul, Maco Porcio Catón, a la Citerior con dos legiones, 15.000 aliados latinos, 800 caballeros y 20 barcos de guerra. Enfrentamientos y tensiones con los indigetes e ilergetes. Catón marcha hacia el sur, Terraco, enfrentándose con las tribus de la zona y saqueando sus ciudades. Marcha de Catón hacia el sur para dar ayuda a su pretor P. Manlio que estaba combatiendo contra los turdetanos (probablemente una tribu del Levante homónima de la de Andalucía). Catón termina la campaña de guerra con el sitio de la ciudad celtíbera de Saguntia. El año siguiente Catón marchará siguiendo el curso del Ebro llegando a enfrentarse con la tribu de los lacetanos.

194 a.c. - Escipión Nasica acaba con varias revueltas en la Citerior.

193 a.C. - El gobernador de la Ulterior lucha en la Meseta Norte, mientras que el gobernador de la Ulterior está combatiendo en el sur.

190 a.C. - L. Emilio derrota a los lusitanos al oeste de la Ulterior.

186 a.C. - Victoria de los Romanos en Calagurris (Calahorra).

185 a.C. - Victoria de los Romanos cerca de Toledo.

180 a.C. - Importante victoria del gobernador de la Citerior, Q. Fulvio Flaco, contra los celtíberos . En los años sucesivos, victorias del gobernador de la Citerior, T. Sempronio Graco, contra los celtíberos y de su análogo de la Ulterior, L. Postumio Albino, contra los lusitanos . Pactos y acuerdos administrativos entre Graco y los celtíberos. El mismo Graco funda, por lo menos, dos asentamientos de nativos ibéricos: Gracchuris, en el alto Ebro e Iliturgis, en el alto Guadalquivir. Reorganización de la ciudad celtíbera de Complega.

174 – 170 a.C. - Rebeliones de los celtíberos.

179 – 160 a.C. - Operaciones militares contra los lusitanos.

155 – 133 a.C. - Guerras contra Viriato y contra los celtíberos.

155 -154 a.C. - Sublevación de lusitanos y vetones y siguiente victoria del gobernador y pretor L. Mumio contra los lusitanos.

154 a.C. - Revuelta en la Citerior, la ciudad celtíbera de Segeda se alía con las ciudades cercanas y se niegan a pagar los tributos y a suministrar tropas.

153 a.C. - El senado de Roma nombra como gobernador de la Citerior al cónsul Q. Fulvio Nobilior. La sublevación de Segeda empuja al Senado al envío del cónsul a la Península Ibérica.

El 23 de agosto el cónsul Nobilior, con un ejército de 30.000 soldados, derrota a los segedanos, que habían pedido refugio a los vecinos arévacos. Por la noche los arévacos se agrupan en la ciudadela de Numancia.

El día 26 Nobilior establece su cuartel a 24 estadios (4,3 km) de Numancia. No consigue tomar la ciudad y tiene que pasar el invierno en su cuartel, perdiendo muchos hombres por el frío intenso.

152 a.C. - El sucesor de Nobilior, M. Claudio Marcelo, asola el territorio de los arévacos y éstos se ven obligados a pedir la paz. El Senado no acepta y pide la rendición sin condiciones. Claudio Marcelo sitia la ciudad de Numancia.

151 a.C. - Los numantinos se rinden. El Senado elige como gobernadores de las dos provincias a L. Licinio Lúculo, para la Citerior, y Servio Sulpicio Galba para la Ulterior. Lúculo, invade el territorio de los vacceos hacia el oeste. Victoria de los Romanos en Cauca y petición de paz por parte de los vacceos. Sitio a la ciudad de Interactia (Zamora) y prospección del territorio de los vacceos con establecimiento del cuartel militar en la provincia de Palencia (Tarriego de Cerrato). Inútil intento de saquear la ciudad de Palencia y vuelta del ejército romano a Turdetania para pasar el invierno. Los lusitanos derrotan a Galba.

147 a.C. - Victoria de Viriato en Tríbola y muerte del gobernador C. Vetilio.

144 a.C. - El cónsul Q. Fabio Máximo derrota al ejército de Viriato en Urso.

El Senado nombra Q. Cecilio Metelo para contener la sublevación de Viriato y de los celtíberos. Metelo ataca y derrota a los Arévacos pero no consigue tomar Numancia.

142 a.C. - Viriato se enfrenta al cónsul Q. Fabio Máximo Serveliano, proveniente de África y es derrotado cerca de Ituca. Tras unos contraataques contra los romanos, el caudillo íbero es obligado a retirarse a Lusitania. Serviliano sitia Erisiana pero Viriato lo obliga a un combate y consigue derrotarlo. El sucesor y hermano de Serviliano, Q. Serviliano Cepión consigue derrotar a Viriato en Carpetania.

139 a.C. - Cepión ataca a los Vetones y los Gallaeci con la ayuda de su homólogo de la Citerior, M. Popilio Lena. Los mismos Lusitanos, sobornados por Cepión, matan a su caudillo Viriato. En la Citerior, el procónsul O. Pompeyo negocia la paz, derrotado repetidamente por los Numantinos.

138 - 134 a.C. - D. Junio Bruto es gobernador de la Ulterior. Desde su cuartel en Morón (quizás Alpiarca, en el Alto de Castilla) efectúa las operaciones militares contra los lusitanos. Pasaje del río Lete (¿Limia?) y victoria contra los ejércitos de los gallaeci; destrucción del cerro fortificado de Sabroso, en el norte de Portugal.

137 a.C. - Los numantinos obligan a la rendición a Hostilio Mancino.

136 a.C. Emilio Lépido, sustituto de Mancino, ataca inútilmente a los vacceos y tras el sitio de Palantia (Palencia) es retirado por el Senado.

135 a.C. - El cónsul Q. Calpúrnio Pisón, renueva el ataque contra Palantia pero sin éxito. Numancia sigue sin ser expugnada.

134 a.C. - Cornelio Escipión Emiliano, el destructor de Carthago, toma el mando de las tropas en la Citerior; asola los campos de los arévacos y de los vacceos y sitia la ciudad de Numancia. Los numantinos piden la paz pero Escipión Emiliano sólo aceptará la deditio sin condiciones.

133 a.C. Exhaustos, los numantinos ceden y se rinden sin condiciones. Muchos se suicidan antes de dejarse capturar; los demás son vendidos como esclavos. La ciudad es arrasada. Los acontecimientos de los años '30 hacen posible la conquista, aunque todavía lejana, de toda Península Ibérica. Las victorias de Escipión Emiliano y de Bruto obligan al Senado a enviar diez nuevos comisarios especiales para la organización de los territorios y de los pueblos sometidos. Las nuevas conquistas incluían

los territorios de los arévacos y las tierras del sur de la península, probablemente sin llegar a incluir las regiones de los vacceos, de los lusitanos y de los gallaeci. Parece poco probable que aquellas zonas estuviesen ya bajo el dominio romano.

123 a.C. - Posiblemente Metelo es el cónsul de la Citerior y Q. Fabio Máximo Alobrógio de la Ulterior.

114 a.C. Cayo Mario está al mando de la Ulterior.

113 o 112 a.C. - L. Calpurnio Pisón está al mando de la Ulterior pero muere a causa de una rebelión.

111 a.C. - S. Sulpício Galba sustituye a L. Calpurnio Pisón.

109 a.C. - Servilio Cepión obtiene una gran victoria contra los lusitanos.

105 a.C. - Victoria de los lusitanos contra el ejército romano.

104 a.C. - La ciudad de "seanoc..." (cerca de Alcántara, en Lusitania) se rinde al *imperator*[141] L. Cesio, probablemente pretor de la Ulterior.

101 a.C. - Los lusitanos son derrotados y se establece la paz en la Provincia.

99 a.C. - Rebelión de los lusitanos y derrota de éstos por L. Cornelio Dolabela.

98 a.C. - El cónsul de la Citerior, T. Didio, mata cerca de 20.000 arévacos, desplaza la ciudad de Termes a un lugar desprotegido en la llanura y sitia, con éxito, la ciudad de Colenda.

97 a.C. - L. Licinio Craso (padre del futuro triunviro) es cónsul de la Ulterior. Sigue la guerra contra los lusitanos.

92 a.C. - Valerio flaco, cónsul de la Citerior, mata cerca de 20.000 celtíberos.

82 a.C. - Sertorio es procónsul de la Citerior. A causa del comando de Sila en Roma, Sertorio se refugia en África donde es alcanzado por un grupo de lusitanos que lo invitan a tomar el mando de su ejército. Sertorio fue el primer general romano en utilizar soldados nativos de la Península en su ejército.

79 a.C. - Sila, conocida la rebelión de Sertorio, envía a Hispania un ejército bajo el mando del cónsul O. Cecilio Metelo. Sertorio consigue impedir que el cónsul ponga el sitio a la ciudad de Langóbriga, cerca de Oporto.

---

141 "el que tiene el poder militar".

78 a.C. - El lugarteniente de Sertorio, L. Hirtuleyo, derrota al homólogo de Metelo, M. Calidio, en la Citerior. Las tribus del valle del Ebro se alían contra Sertorio, que establece una escuela de adiestramiento en Osca (Huesca).

77 a.C. - Pompeyo, con veinte años, es procónsul de la Citerior. El Senado encomienda a Pompeyo el mando de las operaciones militares contra Sertorio.

74 a.C. - Tras varios enfrentamientos entre los dos ejércitos romanos, Pompeyo sitia la ciudad de los vacceos.

73 a.C. - Expulsión de la Península Ibérica y muerte de Sertorio.

72 a.C. - Pompeyo derrota a las últimas ciudades del valle del Ebro todavía fieles a Sertorio, Calagurris, Clunia y Oxama entre otras. Pompeyo controla toda la Citerior.

69 a.C. - Julio César es cuestor con poderes judiciales en la Ulterior.

61 a.C. - César es gobernador de la Ulterior; crea una tercera legión y comienza una guerra relámpago contra los lusitanos y los gallaeci, buscando gloria militar y el botín de guerra; llega hasta la costa atlántica, a Brigantium, cerca de La Coruña, saqueando también las ciudades que les abren las puertas. César, como hizo Bruto, no deja tras de sí ninguna tropa para consolidar el dominio romano de aquellas tierras.

56 - 55 a.C. - Rebelión de los vacceos.

49 a.C. - Derrota naval de Pompeyo y victoria de César, que nombra gobernador de la Ulterior a Q. Casio Longino, sustituido pocos años después por C. Trebonio y sucesivamente por M. Emilio Lédipo.

42 a.C. - Octaviano es gobernador de Hispania, pero utiliza los *legati* para el efectivo control de la provincia.

29 a.C. - El gobernador T. Estatilio Tauro derrota a los cántabros, a los astures y a los vacceos.

26 a.C. - Siete legiones de Augusto (Octaviano), formando tres columnas, marchan en dirección norte, atravesando el territorio de los cántabros. Tras una batalla preliminar, los cántabros se refugian en el monte Vindio. Augusto enferma y es transferido a Tarraco. Su general P. Carisio está al

mando en las operaciones militares, marchando con el ejército hacia el oeste, en territorio de los Astures, que avanzan en la misma formación, en tres columnas, para obtener un enfrentamiento en tres frentes. Avisado por los traidores brigecines, Carisio evita la derrota llegando al enfrentamiento con refuerzos. Derrota de los astures y toma por parte de los romanos de su ciudad más importante, Lancia.

25 a.C. - Dos columnas de legionarios romanos, una bajo el mando del gobernador de la Citerior, C. Antistio Veto, marchan hacia el territorio de los gallaeci; éstos buscan refugio en el monte Medulio, sitiado enseguida por los romanos con una muralla de 18 millas. Los gallaeci se suicidan en masa para no caer en manos de los romanos.

24 – 22 a.C. - Rebeliones de cántabros y astures.

19 a.C. - Agripa se encarga personalmente de acabar con los cántabros y los astures.

16 a.C. - Últimas rebeliones de cántabros y astures.

16 – 13 a.C. - Augusto, durante su viaje a través de Galia e Hispania reorganiza las provincias. La Ulterior es dividida en Bética y Lusitania. Inicialmente los territorios de los gallaeci y de los astures son asignados a la lusitania; sucesivamente la Gallaecia será parte de la Citerior, o Tarraconesis.

ANEXO 2

Cronología de la colonización europea de América del Norte (1497- 1969)

1497 – Giovanni Caboto (John Cabot), un navegador italiano al servicio del rey de Inglaterra, de ahí la forma inglesa de su nombre, llega a un lugar indeterminado de la costa de Labrador; es el primer europeo conocido que descubrió las tierras septentrionales del continente americano, quinientos años después del "descubrimiento" por parte de los Vikingos. Caboto se encuentra en el Newfoundland canadiense, pero, como Colón, está convencido de haber encontrado las Indias.

1500 – El portugués Gaspar Côrte-Real navega siguiendo las costas de Labrador y Terranova.

1502 – Miguel Côrte-Real sigue las rutas del hermano y, como aquél, desaparece en el mar.

1506 – Jean Denis navega a lo largo de las costas del Newfoundland.

1507 – El geógrafo Martín Waldseemuller da el nombre de "América" al nuevo continente en honor del navegador italiano Amerigo Vespucci.

1508 – Sebastiano Caboto sigue las rutas de su padre hacia el nuevo continente, mientras que Thomas Aubert, tras la ruta de Denis, navega a lo largo de las costas de Newfoundland y al regreso a Francia, lleva consigo siete indígenas Beothuk, los nativos de Newfoundland.

1512 – Juan Ponce de León explora las costas de Florida.

1517 – También Antonio Alaminos costea Florida.

1519 – Álvarez de Pineda cartografía las costas septentrionales del Golfo de México, desde Tejas hasta Florida y es el primer europeo que visita el delta del Mississippi, río que él llama "Espíritu Santo".

1520 - João Fagundes explora las costas de Terranova con la idea de fundar una colonia, Cabo Bretão (Cape Breton Island). Ésta hubiera sido la primera colonia al norte de Florida desde la constitución de los efímeros asentamientos viquingos en el Labrador.

1521 – Ponce de León intenta fundar una colonia en Florida pero es mortalmente herido durante un ataque de los nativos de la zona.

1524 – El italiano Giovanni da Verrazzano navega entre Florida y Newfoundland, establece contactos con los nativos de las costas de la hoy en día Carolina y nombra la región donde hoy surge Nueva York como Nueva Angoulême, en honor del rey Francisco I de Francia, Conde de Angoulême.

España contrata al navegador portugués Esteban Gomez para la exploración de las costas atlánticas de Newfoundland hasta Florida. Gomez hace prisioneros a varios nativos de Nueva Inglaterra y de Nueva Escocia y los lleva a España para venderlos como esclavos.

1526 – Lucas Vázquez de Ayllón funda y, poco después abandona, la colonia de San Miguel de Guadalupe, en la que hoy en día es la Carolina del Sur.

1527 – John Rut navega tras las rutas de Verrazzano.

1528 – Panfilio de Narváez intenta la exploración de Florida.

1528-36 – Viaje de Cabeza de Vaca, junto con A. Dorantes, A. del Castillo Maldonado y el moro Estevan (el primer africano en haber vivido en los Estados Unidos) al interior de América del Norte, desde Florida hasta Sinaloa. Será la primera entrada en el sub-continente norteamericano, aunque involuntaria. Cabeza de Vaca escribirá, un libro, *Naufragios*, relatando su experiencia junto a sus compañeros en los ocho años de "viaje" por América del Norte. En el libro se recogen las primeras observaciones, diríamos, etnográficas, sobre los pueblos nativos del Golfo de México. El relato de Cabeza de Vaca es considerado la primera narración histórica sobre los Estados Unidos.

1534 – Jacques Cartier cumple su primer viaje a Canadá. Tras haber navegado costeando el Newfoundland, el Labrador y el Nuevo Brunswick, entra en contacto con los Micmac y, más allá de la bahía de Gaspé, encuentra a los iroqueses, llegados a aquellas zonas, desde el interior, para pescar en el litoral.

1535 – En su segundo viaje, Cartier alcanza el Golfo de San Lorenzo y explora su costa norte. Interpreta, de forma equivocada, la palabra Iroqués "Kanata", es decir, "pueblo", y define como "Canadá" todo el territorio hasta entonces explorado. Carlos I de España instaura oficialmente, con un decreto real, el Virreinato de Nueva España.

1536 – Cartier intenta fundar, sin éxito, una colonia en el pueblo indígena de Stadacona (Quebèc). Richard Hore, en el mismo periodo, explora la zona por cuenta de los ingleses.

1539 – Hernando de Soto comienza su entrada (en este caso voluntaria, se trata casi de una exploración) en el Sureste.

El fraile Marcos de Niza, guiado por el moro Estevan, compañero de Cabeza de Vaca, comienza la exploración del Suroeste, en búsqueda de ciudades de oro.

1540 – Francisco Vázquez de Coronado explora el Suroeste (hoy en día los Estados de Arizona, Nuevo México, Oklahoma y Kansas) en búsqueda de las legendarias "siete ciudades de oro" llamadas Cíbola.

1541 – 42 – Fundación de la colonia Charlesbourge-Royal (Cap Rouge) por parte de Cartier y delegación de poderes a Roberval, que volverá a Francia ya en 1543. En Zamora, en 1541, es publicada la primera edición del libro de Cabeza de Vaca, *Naufragios*.

De Soto, después de haber guiado a una expedición a través de los que hoy son los Estados Unidos del Sureste, alcanza el delta del Mississippi.

1542 – Juan Rodriguez Cabrillo explora la costa de California, pero será Bartolomé Ferrelo quien terminará el viaje a causa de la muerte de Cabrillo.

En Zamora es publicado el relato de Cabeza de Vaca de su "viaje" por las tierras de los nativos americanos. La narración, con el breve título de *Relación* presenta el vagar de Cabeza de Vaca en América del Norte y su encuentro con varias tribus de nativos: horrucos, doguenes, mendicas, guevenas, guaycones, quitoks, camoles, mariames, yguaces, atayos, acubadoes, chavavares, tarahumares, epecano, tepehuane, nio, zoe...

1549 – El fraile Luis de Cancer intenta fundar una colonia en Florida, en Tampa Bay, pero es expulsado por los nativos de la zona.

1559 – Tristán de Luna y Arellano funda una base en Ochuse, en Pensacola Bay.

1561 – Ángel de Villafañe no consigue fundar una segunda colonia en Pensacola Bay y Pedro Menéndes de Avilés explora la costa de Florida.

1562 – El protestante francés Jean Ribault funda Charlesfort, en la isla de Parris.

1564 - René Goulaine De Laudonnière funda el asentamiento de Fort Caroline, en las orillas del río San Juan. Los ingleses conquistan Nueva Amsterdam y la bautizan "Nueva York", en honor del Duque de York y Albany.

1565 – Menéndes de Avilés se adueña de las colonias francesas y funda las colonias españolas de San Agustín, San Mateo y Santa Elena.

1566 – El Capitán Juan Pardo deja Santa Elena, la capital de los territorios españoles de La Florida con una compañía de 125 hombres, por orden del gobernador Pedro Menéndes de Avilés, con el objetivo de explorar los territorios en el interior, apaciguar a los nativos, declarar los nuevos territorios como dominios españoles y descubrir un camino hacia las minas de plata del México septentrional.

1567 – Juan Pardo llega al asentamiento indio de Joara, en la que es hoy en día Carolina del Norte, a los pies de los Apalaches. Pedro bautiza el pueblo con el nombre de "Cuenca", en honor a la ciudad donde nació, y construye el fuerte San Juan de Joara. Esta fortaleza será el más antiguo asentamiento europeo en el interior de los que serán los Estados Unidos[142]. Al año siguiente los nativos de Joara destruyen el fuerte. Se acaban los intentos para los españoles de colonización de los territorios al norte de Florida.

1568 – Los franceses se vengan de los españoles destruyendo el asentamiento de San Mateo.

1570 – Los jesuitas españoles fundan una misión a orillas del río York que, enseguida es atacada por los ingleses y un año después destruida por los nativos.

1576 – Frobisher, navegando más allá del Newfoundland, cree haber descubierto el pasaje hacia el Noroeste; nombra el estrecho "Frobisher Strait", creyendo que era, como el "estrecho de Magallanes" en el hemisferio austral, la puerta para el océano Pacífico, sin embargo, en realidad, está navegando por una profunda bahía (la Frobisher Bay) al sur de la Península de Baffin. La hostilidad de los inuit y la llegada del invierno le obligan a volver a Inglaterra.

---

142 Para las excavaciones arqueológicas de Fort San Juan véase: http://antiquity.ac.uk/ProjGall/moore/index.html

1577 – Frobisher vuelve a la Península de Baffin.

1579 – Francis Drake visita las costas de California llegando, hacia el norte, hasta la que hoy en día es Vancouver.

1581 – Francisco Sánchez Chamuscado guía una pequeña expedición de soldados y sacerdotes en el territorio de los nativos pueblo, en el Suroeste, seguido, el año después, por Antonio de Espero.

1583 – H. Gilbert explora la costa de Terranova mientras E. Bellenger explora la Bahía de Fundy.

1584 – P. Adams y A. Barlowe exploran la costa oriental de América del Norte por cuenta de Raleigh que, al año siguiente, funda Roanoke. En el mismo año J. Davis busca el pasaje al Noroeste.

Un geógrafo de Oxford, Richard Hakluyt, presenta un documentado ensayo sobre los descubrimientos en Occidente, *A particular discourse concerning Western Discoveries* donde se sugiere la posibilidad de una colonización.

1586 – Francis Drake destruye la misión de San Agustín y Ronaoke es abandonada.

1587 – Los colonos de Roanoke intentar fundar de nuevo el asentamiento.

1588 – Vicente González descubre la colonia de Ronaoke tras la exploración de Chesapeake.

1590 – J. White no encuentra ninguna huella de los colonos de Ronaoke.

En Sevilla, es publicada la obra monumental del jesuita José de Acosta, la *Historia natural y moral de las Indias*, donde el autor avanza la hipótesis de que el poblamiento del continente americano se debió al paso, de Siberia a América septentrional, de cazadores en búsqueda de presas.

1593 – Incursiones de Drake en la isla de Magdalena.

1594 – Steven de Bocall, un vasco al servicio de los ingleses, explora la costa de Terranova.

1597 – Intento, sin éxito, por parte de los ingleses, de colonizar la Isla de Magdalena.

1598 – Juan de Onate guía a un grupo de colonos en el Suroeste, hoy en día Nuevo México, y funda la colonia de San Juan en el alto valle del Río Bravo.

1602 – El español Sebastián Vizcaíno explora la costa de California hasta Monterrey Bay donde toca tierra.

1605 – Francia constituye la colonia de Port Royal en Acadia (Nueva Escocia).

1606 – Jacobo I de Inglaterra concede una licencia a dos grupos de mercaderes, la Compañía de Londres y la Compañía de Plymouth, que confiere el derecho de colonización de América del Norte entre el 34º y el 45º paralelo.

1607 – Los colonos embarcados en los tres barcos de la Compañía de Londres entran en la bahía de Chesapeake y fundan Jamestown, en la orilla del río James.

1608 – Francia crea la colonia de Quebec.

1614 – El holandés Adriaen Block, jefe de una expedición, es el primer europeo a entrar en el estrecho de Long Island (Nueva York). A su regreso a su patria aplicará el nombre de Nieuw Nederland (Nuevos Países Bajos) a las tierras visitadas entre la Virginia y el Canadá francés.

1615 – Fundación del primer asentamiento holandés en el Nuevo Mundo, Fort Nassau (hoy en día Albany, en el estado de Nueva York).

1618 – La Compañía, reorganizada como Compañía de la Virginia, crea un sistema de "derechos per cápita" que concedía cerca de veinte hectáreas a cualquiera que trajese a una persona a la nueva colonia.

1619 – Consolidación de la nueva colonia de la Virginia e introducción del autogobierno.

1620 – Desembarco de los peregrinos del barco "Mayflower" en la que hoy en día es Plymouth.

1622 – El ataque de improviso de Opechancanough y su tribu a los asentamientos aislados de Virginia causa la muerte de 350 personas; los colonos reaccionan con un baño de sangre. Las hostilidades seguirán hasta el año '44.

Los primeros colonos escoceses llegan a las costas del Canadá oriental y fundan "Nueva Scotia".

1624 – Virginia es nombrada "Colonia Real" a causa de la quiebra de la Compañía.

1626 – El Director General de la Compañía de las Indias Occidentales, el holandés Peter Minuit, compra la isla de Manhattan a los nativos de la zona y comienza la construcción del fuerte de Nueva Amsterdam (la futura Nueva York). En el mismo periodo se empieza la construcción de Fort Beversrede (el núcleo de la que llegará a ser la ciudad de Philadelphia).

1629 – El Rey Carlos de Inglaterra concede una licencia a la Compañía de la bahía de Massachusetts.

1630 – Diecisiete barcos transportan casi mil colonos a la bahía de Massachusetts. Fundación de Boston y de una media docena de otras ciudades más a lo largo de la costa atlántica. Poco después se creará un círculo de colonias cincuenta kilómetros tierra adentro.

1632 – George Calvert, Lord Baltimore, induce al Rey Carlos de Inglaterra a que le conceda un amplio territorio al norte del río Potomac, para la creación de la nueva colonia de Maryland.

1633 – El hijo de Lord Baltimore, Cecilius, envía dos barcos para la colonización de la provincia de su familia.

1636 – Roger Williams, expulsado de Massachusetts, funda la ciudad de Providence, en la bahía de Narragansett, sobre un terreno comprado regularmente a los nativos: será el primer asentamiento de la futura colonia del Rhode Island.

1637 – Guerra de los pequot. La tribu es aniquilada y se abre la colonización del valle del Connecticut.

1638 – Fundación de New Hampshire y de la colonia de New Haven como refugio religioso de los exiliados de Massachusetts. Una expedición sueca, tras haber entrado en la Delaware Bay y haber atravesado el territorio holandés, desembarca en lo que hoy en día es "Swedes' Landing" y funda Fort Christina, en honor de la reina Christina de Suecia, núcleo de Nya Sverige, "Nueva Suecia".

1640 – La colonia de Massachusetts cuenta con más de veinte asentamientos, la mayoría de los cuales son simples pueblos.

1643 – Constitución de la Confederación de Nueva Inglaterra, formada por Massachusetts, Connecticut, New Haven y Plymouth, para garantizar una defensa común contra los nativos, los holandeses y los franceses.

1663 y 1665 – El rey Carlos de Inglaterra asigna Carolina, un vasto territorio al sur de Virginia, a un grupo de ocho propietarios. La concesión de Carolina era geográficamente distinta en una parte septentrional y una meridional, la primera colonizada por un grupo proveniente de Virginia y la segunda por un grupo de pequeños agricultores de las islas Barbados.

1664 – Carlos II concede el territorio entre los ríos Connecticut y Delaware a su hermano Jacobo, Duque de York. La zona, aunque desde hace años reivindicada por los ingleses, estaba ocupada por los holandeses y se llamaba Nueva Holanda. El Duque concede la parte más meridional de la colonia a dos amigos: Lord Berkeley y Sir George Carteret. La nueva colonia será bautizada como New Jersey.

1675-76 – Guerra del rey Philip: los wampanoag destruyen una veintena de asentamientos en Nueva Inglaterra y mueren más de mil colonos. La guerra acabará con la derrota de los nativos.

1681 – Como pago de una deuda con el difunto Almirante Penn, el rey Carlos II concede al hijo del Almirante un vasto territorio más allá del Delaware, la futura Pennsylvania.

1682 – El explorador La Salle (René-RobertCavelier, Sieur de La Salle), partiendo desde Canadá, alcanza el delta del río Mississippi, toma posesión del territorio en nombre del rey Luis XIV de Francia y lo bautiza como Louisiana.

1685 – Con la subida al trono de Inglaterra el nuevo rey Jacobo, Nueva York (la anterior Nueva Amsterdam) es transformada en "Colonia Real".

1703 – El Delaware es ahora una colonia separada, creada en los antiguos asentamientos suecos a la orilla del río homónimo, comprados por Penn al Duque de York.

1711-12 – Guerra contra los tuscaroa en California.

1715-18 – Guerra contra los yamassee en Carolina.

1720 – Un arco de fortalezas, estaciones comerciales y asentamientos franceses se extiende desde Louisebourg, en la isla de Cabo Bretón, hasta Nueva Orleans.

1728 – El danés Vitus Bering descubre el Estrecho que separa Asia (Siberia) y América del Norte (Alaska).

1732 – El rey Jorge de Inglaterra concede al general James Oglethorpe una licencia real de 21 años para la colonización de Georgia, colonia "barrera" contra los ataques de los españoles y de los nativos.

1754 – George Washington debe rendirse a los franceses tras una batalla por el dominio de la garganta del río Ohio.

El Congreso de Albany no consigue la alianza de los iroqueses, los más dispuestos entre los nativos a pactar con los ingleses, pero aprueba el proyecto de B. Franklin de la creación de una confederación permanente entre las colonias.

1755 – Los franceses, gracias a una emboscada, derrotan a las tropas de E. Braddock, enviado para dar auxilio a la colonia de Virginia. Este desastre militar deja al descubierto cerca de 600 kilómetros de frontera entre Virginia y Pennsylvania que, en los años sucesivos, será atacada por los nativos.

1756 – Empieza la guerra de los "Siete años" o guerra "franco-indiana".

1763 – El Tratado de París cierra la guerra. Según sus cláusulas Canadá y todas la posesiones francesas al este del río Mississippi y Florida, esta última obtenida de España, son dominio inglés.

Rebelión de Pontiac, jefe de los ottawa. Las tribus del valle del Ohio, irritadas por las trampas de los mercaderes británicos y temiendo una expansión de éstos en sus tierras, se sublevan y destruyen todas las avanzadillas británicas al oeste del Niágara, menos el asentamiento de Detroit.

1769 – En California, el español Gaspar de Portolá establece el presidio de San Diego, mientras que el fraile Junípero Serra funda la misión San Diego de Alcalá, futuros núcleos de la ciudad de San Diego.

1775 – Durante el verano, el español Bruno de Hezeta costea el futuro Estado de Washington y Alaska tocando tierra en varios puntos: en el puerto de Bucareli (hoy en día Bucareli Sound), Puerto de los Remedios y en la isla de Nootka.

1776 – Los españoles construyen un fuerte y la Misión de San Francisco de Asís, futuro núcleo de la ciudad de San Francisco.

1777 – El gobernador de California, Felipe de Neve, aconseja al virrey de Nueva España un lugar donde construir un nuevo pueblo. El asentamiento es fundado el 4 de septiembre de 1781 por un grupo de 44 personas y es bautizado "El Pueblo de Nuestra Señora la Reina de Los Ángeles del Río de Porciúncola", la futura ciudad de Los Ángeles.

1783 – Funcionarios británicos mantienen relaciones diplomáticas con las tribus del territorio del Noroeste, atraídos por la idea de un "estado barrera" indio como obstáculo a la expansión americana hacia el Océano Pacífico.

1789 – El sevillano Esteban José Martínez, al mando de dos barcos, toma posesión de la Ensenada de Nutka (la isla de Nutka, o Nootka, y la zona de sus alrededores). Este territorio será parte del Virreino de Nueva España.

1790 – El español Salvador Fidalo guía una expedición a lo largo de las costas de Alaska, hasta la isla de Kodiak.

1791 – Las tribus de Ohio derrotan a las tropas del gobernador Arthur St. Clair. El explorador italiano Alessandro Malaspina, oficial de la Marina del Rey de España, navega a lo largo de las costas de Alaska. En Yakutat Bay la expedición entra en contacto con los tlingit, una tribu inuit de la zona. Los científicos que toman parte en la expedición de Malaspina registran informaciones sobre las costumbres de aquel pueblo, sobre su idioma, su economía, sobre los procedimientos de guerra y sus prácticas funerarias. Dos artistas dibujan retratos de miembros de la tribu y escenas cotidianas.

1794 – Batalla de Fallen Timbers. Una expedición punitiva a las órdenes del General Anthony Wayne derrota definitivamente las tribus de Ohio, las cuales, con el Tratado de Greenville, al año siguiente, cederán a los nacientes Estados Unidos parte de su territorio, el futuro Estado del Ohio.

1803 – El territorio de Louisiana es formalmente cedido a los Estados Unidos con un tratado firmado por Napoleón y el pago a Francia de 15 millones de dólares.

1804 – Sale de S. Louis la expedición transcontinental, propuesta por Jefferson, y guiada por su secretario, el capitán Mariwether Lewis[143]. Tras haber seguido el curso del río Missouri hasta su origen, la expedición atraviesa la Montañas Rocosas y desciende hasta la costa del Océano Pacífico, siguiendo el curso de los ríos Snake y Columbia. Tras un épico viaje de 7.000 kilómetros, los hombres de la expedición vuelven a S. Louis, en 1806, con una vasta colección de mapas, bocetos, muestras botánicas y geológicas y un gran número de datos sobre las costumbres de los nativos de las zonas visitadas. Además de ofrecer muchas informaciones científicas, la expedición refuerza las pretensiones de los americanos sobre el territorio de Oregón y estimulará la colonización del Oeste. La idea de Jefferson es convencer a las tribus de los nativos para que les cambien sus tierras al este del río Mississippi por otras más al oeste. Su representante en estas negociaciones, un tal H. W. Harrison, utiliza trampas e intimidación para obligar a los nativos del Noroeste a conceder miles de kilómetros de tierras de sus tribus.

1810 – Los colonos americanos de Florida Occidental proclaman una república independiente de España y piden su anexión a Estados Unidos.

1811 – En la batalla de Tippecanoe, W. H. Harrison, destruye el cuartel general de una coalición de tribus de nativos, a las órdenes del jefe de los Shawnee Tecumseh, sublevados contra la expansión americana hacia el Oeste.

1814 – Batalla de Horsehoe Bend. Con la muerte del jefe Tecumseh y la derrota de los creek se acaba definitivamente el dominio de los nativos al Este del Mississippi y se extiende sin obstáculos la colonización de las tierras occidentales.

1818 – "Ocupación común", tras un acuerdo, del territorio del Oregón por parte de Gran Bretaña y Estados Unidos.

1819 – La población más allá de los Apalache era el doble respecto a diez años antes y cinco nuevos Estados ya forman parte de los Estado Unidos: Louisiana, Mississippi, Alabama, Indiana y Illinois.

1821 – Creación del Estado de Missouri.

1823 – Publicación de "The Pioneers: or The Sources of the Susquehanna", de James Fenimore Cooper, el primero de la serie de cuentos Leatherstocking, que tendrán como protagonista a Nathaniel Bumppo, un pionero que vive en la frontera entre nativos y colonos.

---

143 Véase http://l3.ed.uidaho.edu/index.asp?ShowFlash=true&ExpeditionID=1.

1826 – Publicación del cuento más famoso de J. Fenimore Cooper, *The Last of the Mohicans: a narrative of 1757* ("El último Mohicano").

1828 – Tras el descubrimiento de oro en las tierras de los cherokee de Georgia, el parlamento del Estado declara nulas y no eficaces las leyes, basadas sobre los anteriores tratados con Georgia en 1791, que consideraban a los cherokee una nación con leyes y costumbres propias.

1829 – Unos caravaneros, guiados por Antonio Arminjo, siguiendo un camino trazado por los españoles, llegan a las fuentes de agua en medio del desierto de Nevada, y denominan a la zona "Las Vegas"

1832 – El presidente de la Corte Suprema J. Marshall declara inconstitucional la ley de Georgia, pero aquel Estado, apoyado por el presidente Jackson, expulsa a los cherokee de sus casas con la amenaza de las armas. Una cuarta parte de los nativos morirá en el éxodo forzado más allá del río Mississippi, lo que es conocido hoy en día como "sendero de lágrimas".

1834 – El Gobierno Mexicano seculariza las misiones de California expropiándole sus tierras. La provincia mexicana contaba con poco más de un millar de habitantes, en su mayoría descendientes de colonos españoles, y un pequeño grupo de mercaderes americanos.

1835-42 - Guerra contra los seminoles en los pantanos de Florida.

1836 – Independencia de Tejas de México.

1845 – Un periodista de Nueva York crea el eslogan *Manifest destiny*, "destino manifiesto". La expresión refleja la supuesta idea de que hubiese sido la Divina Providencia la que quiso asignar a los Estados Unidos el control de todo el continente norteamericano. Este asunto dotó de una cómoda motivación "racional" la expulsión de razas retenidas como inferiores, como los nativos americanos y los mexicanos, por parte de los pioneros hambrientos de tierras vírgenes.

Los colonos de Oregón organizan un nuevo Gobierno provisional, y piden el fin del régimen de "ocupación común" exigiendo la exclusiva jurisdicción americana. Tejas es admitida como Estado en la Unión.

1846 – El Senado ratifica el Tratado de Oregón que establece el 49º paralelo como frontera entre Estados Unidos y Canadá, desde las Montañas Rocosas hasta el Pacífico.

1848 – México, con el Tratado de Guadalupe Hidalgo, cede a los Estados Unidos California y Nuevo México y reconoce el río Bravo como frontera con Tejas.

1850 – Organización del Territorio de Utah.

1852 – Los sioux orientales, guiados por Little Crow (Cuervo Pequeño), masacran cerca de 500 colonos en Minnesota. La reacción de los colonos es súbita: más de 300 nativos serán ahorcados públicamente.

1864 – Masacre de Sand Creek. El coronel J. M. Chevington ataca a un grupo formado por unos pocos centenares de nativos y los mata arrancando la cabellera a los hombres, destripando a las mujeres y pisando a los niños.

1865-67 – Guerra contra los sioux para la construcción de una carretera que hubiera cruzado los mejores territorios de caza de la tribu en Montana. Los nativos matan a un grupo de 82 soldados al mando del capitán Fetterman.

1867 – Una comisión de paz americana suscribe una relación que indica a los "blancos" como los responsables de las guerras contra los sioux y cheyenne. El Congreso organiza un plan con el objetivo de reagrupar a todos los nativos de las llanuras en dos grandes reservas: una en la zona de Black Hills (Dakota del sur) y otra en el Territorio Indio, el futuro Oklahoma.

1868 – Derrota definitiva de los cheyenne y de los arapahos.

1872-74 - Diferentes grupos de cazadores profesionales con rifles de precisión matan tres millones de bisontes (cada año).

1875 – La mayoría de las tribus ya han sido transferidas, tras duros enfrentamientos, a las reservas. El descubrimiento de oro en las Black Hills es causa de una guerra contra los sioux.

1876 – Batalla de Little Big Horn. Un numeroso grupo de sioux, guiados por Caballo Loco y por Toro Sentado, masacran una pequeña tropa de soldados americanos bajo el mando del general Custer. Los nativos no pueden aprovecharse de la victoria, un año más tarde serán derrotados.

1877 – Derrota de los nez percé.

1883 - Exterminio del gran rebaño de bisontes del sur de las Grandes Llanuras. Del rebaño del norte, pocos años antes compuesto por millones de reses, quedaban sólo doscientos ejemplares.

1884 – Publicación del libro de Helen Hunt Jackson, de Massachusetts, "Un siglo de deshonor"; la autora critica profundamente la política gubernamental hacia los nativos.

1886 – Cesa la resistencia de los apaches tras la captura de su jefe Jerónimo.

1887 – Aprobación del *Dawes Act* que divide las tierras de las reservas en pequeñas propiedades agrícolas individuales o familiares. El Dawes Act, en lugar de crear una clase de nativos agricultores, favoreció el acceso de los colonos a aquellas tierras, empobreciendo a los nativos mismos y, contribuyendo a debilitar la estructura tribal, no dibujó ninguna forma de organización social alternativa. *"La desintegración moral y física de un pueblo, un tiempo orgulloso de su identidad, es ahora inevitable"*[144].

1890 – Una explosión de intensa excitación religiosa, vinculada a la "danza de los espíritus", hace temer una sublevación en la reserva de los siuox en Dakota del sur. Las tropas enviadas para mantener el orden abren fuego indiscriminadamente contra un grupo de nativos en Wouded Creek. Mueren cerca de 300 nativos.

El 20 de agosto nace H. P. Lovecraft.

1969 – Publicación del libro de una joven sioux, Vine Deloria Jr., *Custer died for your sins: an Indian manifesto*.

Un grupo de nativos ocupan la isla de Alcatraz y proponen su compra al Estado con un pago en abalorios por valor de 24 dólares, la misma suma pagada por los holandeses a los nativos en la compra de la isla de Manhattan.

---

[144] Jones 1999, p. 256. Esta cronología de la colonización de América del norte esta basada en su mayoría en los textos de Jones 1999, Coe, Snow y Benson 1987 y Riendau 2000.

ANEXO 3

Cronología de los hallazgos paleoantropológicos y obras artísticas relacionadas (1822 – 1964)

1822 – En Paviland, en el sur de Gales, el reverendo W. Buckland, profesor de geología en la Universidad de Oxford, excava, en la cueva llamada "el hoyo de la cabra" (Goat's hole), un esqueleto humano cubierto de ocre rojo, junto a muchos utensilios en marfil de mamut. El reverendo Buckland concluye que el esqueleto era el de una dama galesa de la Edad romana, sepultada con objetos hechos con las defensas de algún paquidermo que se hallaban ya en la cueva.

1829 – P. C. Schmerling, en la cueva de Engis, en Bélgica, halla el cráneo en fragmentos de un joven. Este es, en teoría, el primer resto de *Homo neanderthalensis* descubierto, aunque este hallazgo no suscitó mucho interés científico dado que se tuvo que esperar más de un siglo para el reconocimiento de su efectiva antigüedad.

1847 – J. Boucher de Perthes publica su *Antiquités celtique et antédiluviennes* donde coloca en una época mucho más antigua del supuesto Diluvio los bifaces líticos que él mismo había recogido en las gravas aluviales del valle del Somme.

1848 – Un cráneo parcial de *Homo neanderthalensis* es hallado en la mina Forbes, en Gibraltar, pero también en este caso habrá que esperar muchos años hasta que se defina de forma correcta su antigüedad.

1852 – En Aurignac, en el sur de Francia, un obrero encargado del mantenimiento de la carretera, saca un hueso humano de la madriguera de un conejo. Excavada una trinchera, encuentra una cueva con la entrada tapada por una losa de calcar caída. Tras la losa se hallan los esqueletos de 17 seres humanos en asociación con huesos de animales extinguidos. Edouard Lartet excava la cueva y verifica que su sucesión estratiráfica corresponde cronológicamente a una época entre el Paleolítico y el Neolítico.

1856 – Unos obreros sacan a la luz una bóveda craneal humana y unos pocos huesos en la cueva de Feldhofer, en el valle de Neander, cerca de Düsseldorf, en Alemania. El dueño de la mina cree que estos huesos pertenecían a un oso, pero, a pesar de esto, consigna los restos al profesor J. K. Fuhlrott quien reconoce los huesos como pertenecientes a un hombre un poco "insólito". Fuhlrott pasa los huesos al anatomista H. Schaffhausen, quien reconoce la particularidad del hallazgo y declara que se trata de los restos de una raza anterior a los celtas y los germanos que había vivido en Europa del norte.

1858-59 – Excavaciones de Pengelly en una cueva de Brixham, en Inglaterra, donde se sacan a la luz útiles líticos análogos a los objetos publicados por Bucher de Perthes.

1859 – Charles Darwin publica *El origen de las especies*, pero, aunque conoce los restos de Neander, no los cita en su obra.

1860 – Edouard Lartet excava la cueva de Aurignac y encuentra unos huesos aislados asociados a fauna extinta (hoy en día estos restos son clasificados como neolíticos).

1863 – Charles Lyell, en su obra *The geological evidence of antiquity of man*, menciona la antigüedad del fósil de Engis a partir de los huesos animales asociados, proponiendo la misma antigüedad de aquellos. Además, aunque sin poder contar con los modernos métodos de datación, calcula el comienzo del Paleolítico hace 230.000 años, superando finalmente la datación bíblica que ponía como fecha para la creación del mundo el 4004 a.C.

En su *Evidence as to man's place in nature*, Thomas Huxley llega a la conclusión de que el cráneo de Neanderthal representa a un hombre morfológicamente primitivo pero ya evolutivamente muy lejos de los simios antropomorfos: no se trataba ya del "eslabón perdido".

1864 – El anatomista inglés W. King propone que el fósil de Neanderthal representa una especie humana diferente y la bautiza como *Homo neanderthalensis*.

1865-75 – Publicación de la obra *Reliquiae Aquitanicae*, por parte de E. Lartet y de H. Christy, donde se presentan los informes de excavación de cuevas y abrigos del valle del Vézère, como los yacimientos de Laugerie Haute, Le Mouster y La Madeleine.

1866 – El biólogo alemán Ernst Haeckel sugiere el género *Pithecanthropus* ("Hombre Simio") para el hipotético "eslabón perdido" de la evolución humana. Haeckel, partidario de Charles Darwin y de su obra *El origen de las especies*, en sus escritos imagina la posible existencia de una ancestral criatura humanoide, aún más antigua tanto en edad como de aspecto, que los restos de Neanderthal que, en aquel periodo, son hallados en toda Europa.

1867 – Gabriel de Mortillet organiza una gran exposición de materiales prehistóricos con ocasión de la Exposición Universal de París.

Louis Figuier, un médico francés que se dedicaba a la divulgación científica, publica, en París, su *La Terre avant de Déluge* (*La Tierra antes del Diluvio*), una historia natural del planeta hasta el periodo Cuaternario, con láminas sobre fauna terciaria, mamuts y el nacimiento del Hombre.

1868 – Tras el descubrimiento de terrenos con huesos humanos, gracias a las obras de instalación del ferrocarril, el hijo de Edouard, Louis Lartet, excava el abrigo de Crô Magnon, en Dordoña (Francia) sacando a la luz los restos de, por lo menos, cinco individuos en asociación con restos de mamuts, leones y renos, además de muchos artefactos.

1869 – De Mortillet propone la división del Paleolítico, basada en la tipología lítica en Inferior (Achelense), Medio (Musteriense) y Superior (Solutrense, Aurignaciense y Magdaleniense), superando la anterior subdivisión cronológica de Lartet que diferenciaba a partir de las faunas características, un Paleolítico Inferior (hipopótamo), Medio (oso de las cavernas y mamut) y Superior (reno).

1870 – El artista francés Xénophon Hellouin pinta el cuadro *Funérailles au bord de la Seine (Gaule préhistorique)*, donde representa un funeral de la época prehistórica a orillas del río Sena, para la Pinacoteca Prehistórica del Museo de Antigüedades Nacionales en Saint-Germain-en-Laye, cerca de París.

Publicación de *L'Homme Primitif* (*El Hombre Primitivo*) por Louis Figuier, edición rica en excepcionales láminas.

Publicación de la obra de Hernst Haeckel *The History of Creation* (*La Historia de la Creación*). En el libro se cita la tierra de Lemuria y aparece una lámina que representa el continente de Lemuria en el Océano Índico, desde el que salían los hombres evolucionados desde los simios antropomorfos.

1870-75 – Excavaciones en los "Balzi Rossi" (Italia): hallazgo de las sepulturas de tres "cromagnoides", un adulto y dos niños, con un rico ajuar de conchas y dientes de alce.

1871 – Publicación de *El origen del hombre* de Charles Darwin.

1879 – La hija del noble español Marcelino de Sautuola descubre en una cueva en las tierras de propiedad del padre, en Altamira, Cantabria, las pinturas policromas de los bisontes. Al año siguiente, Don Marcelino hace público el descubrimiento.

1884 – León-Maxime Faivre pinta *L'envahisseur* (*El invasor*), una escena de lucha entre dos hombres en la prehistoria (posiblemente en el Paleolítico Superior).

1885 – En la "Barma Grande", una de las cuevas de los "Balzi Rossi", Jullien descubre las primeras estatuillas esteatopigias, las "venus paleolíticas".

1887 – Publicación de la obra de Henri de Cleuziou *La création de l'Homme et les premiers âges de l'Humanité*.

1888 – León-Maxime Faivre pinta *Deux Méres* (*Dos Madres*). El cuadro representa otra hipotética escena de la prehistoria: una madre, con el hijo en brazos, huye de un oso cavernario.

1890 – Nace H. P. Lovecraft.

1891 – Eugene Dubois descubre, en la localidad de Trinil, a orillas del río Solo, en la isla de Java, una bóveda craneal gruesa y baja. Los fósiles de animales asociados implican una edad muy antigua para el resto fósil.

1892 – Dubois encuentra, en Trinil, en el estrato que él piensa que es el mismo donde halló el año anterior el resto de cráneo, un fémur morfológicamente idéntico a los actuales. Creyendo que los dos restos eran de la misma especie, concluye estar delante de una especie simiesca erguida, intermedia entre las antropomorfas y el Hombre.

1894 – Dubois elige el nombre de *Pithecanthropus erectus* (Hombre simio erguido), reexhumando el término creado por Haeckel, para referirse a los restos de Trinil.

1899 – Un médico europeo advierte la existencia de un probable diente humano entre los fósiles en una farmacia de Pekín, en China. La noticia llama la atención y un grupo de paleontólogos descubren la existencia de unas cuevas fosilíferas a unos cuarenta kilómetros del mismo Pekín, cerca del pueblo de Zhoukoudian.

1911 – Descubrimiento en Piltdown, Inglaterra, de un cráneo y una mandíbula. El hallazgo será conocido como el "Hombre de Piltdown".

1912 – Charles Dawson, arqueólogo aficionado, y Smith Woodward, eminente paleontólogo del Museo Británico, presentan a la Sociedad Geológica de Londres los huesos encontrados en Piltdown. La prensa pone en portada el título de: "Hallado el Hombre de Piltdown".

1915 – John Cooke pinta un gran cuadro con el título *Discussion on the Piltdown skull* (*Discusión sobre el cráneo de Piltdown*): la escena representa C. Dawson y A. Smith Woodward presentando el descubrimiento a otros investigadores.

1921 – El geólogo sueco J. G. Anderson comienza las excavaciones en una cueva derrumbada en el yacimiento de Zhoukoudian, luego nombrada Localidad 1, donde son hallados fósiles y fragmentos tallados de cuarzo de origen antrópico.

1923 – El paleontólogo austríaco Otto Zdansky, un colaborador de Andersson, halla, entre los fósiles de la Localidad 1, una muela humana.

1924 – Raymond Dart, en Taung, cerca de Johannesburg, Sudáfrica, descubre los restos fósiles del "niño de Taung".

1925 – Dart presenta una descripción del hallazgo en el número de febrero de la revista *Nature*, en la que concluye que el cráneo del "niño de Taung" es de una especie hasta entonces desconocida, entre los antropoides vivientes (los simios) y el hombre. Nombra a la especie *Australopithecus africanus*, es decir "Simio antropomorfo de África del sur". Muchos investigadores están de acuerdo en clasificar aquellos restos simplemente como una antropomorfa fósil, sin ningún interés para la historia de la evolución humana. La mayoría de los investigadores, de hecho, estaban convencidos de que era Asia la "cuna" de la humanidad porque en aquel continente, tres décadas antes, fueron hallados fósiles humanos primitivos (los Pitecántropos). Además, el cráneo de Taung no se combinaba con ninguna de las dos teorías de la época sobre la evolución humana, una de las dos, además, fundada sobre el falso cráneo de Piltdown.

1926 – Entre los materiales de las excavaciones de la Localidad 1 en Zhoukoudian enviados a Suecia, se reconoce un premolar humano.

1927 – Comienzan nuevas excavaciones en Zhoukoudian, Localidad 1, bajo la dirección de Birgir Bohlin, excavaciones financiadas por la Fundación Rockefeller, gracias al interés de Davidson Black por el yacimiento, un anatomista canadiense de la escuela de la Unión de Pekín. Black, crea una nueva especie gracias al hallazgo de una gran muela humana, el *Sinanthropus pekinensis* ("el hombre chino de Pekín").

1928 – Las excavaciones en Zhoukoudian revelan dos mandíbulas humanas arcaicas incompletas y unos fragmentos craneales.

1929 – El nuevo director de las excavaciones en Zhoukoudian, el chino W. C. Pei descubre una bóveda craneal.

1935 – Franz Weidenreich, eminente anatomista alemán, sustituye a Black, fallecido dos años antes, en Zhoukoudian. Las excavaciones seguirán hasta el '37, produciendose una gran cantidad de hallazgos fósiles. Se estima que la colección representa a más de cuarenta individuos de Sinanthropus.

1936 – Broom, que continúa las investigaciones de Dart en Sudáfrica, halla, en el terreno de la granja de Sterkfontein, parte del cráneo de un australopiteco adulto.

Nuevos descubrimientos en la isla de Java, en Perning (entonces Modjokerto). Un cráneo parcial de un joven perteneciente al Pithecanthropus de Dubois.

Marston, dentista y arqueólogo aficionado, publica un artículo en la revista inglesa *British dental Journal* donde afirma que la mandíbula del "Hombre de Piltdown" era el hueso de un chimpancé y no, como se creía, un hueso de homínido.

1937 – Desde este año hasta el '41 en Sangiran, Java, se descubren unas mandíbulas incompletas, decenas de dientes aislados y tres cráneos parciales. El paleontólogo alemán G. H. R. Von Koenigswald está al mando tanto de estos descubrimientos en Sangiran, como de los hallazgos en Perning.

Muerte de H. P. Lovecraft.

1938 – Broom descubre otro cráneo adulto en Kromdraai, diferente del primero hallado y deduce su pertenencia a otra especie distinta.

1939 – Gracias a sus hallazgos, Broom puede demostrar que los australopitecos adultos no eran más "simiescos" que el "Niño de Taung", y su bipedismo. Gregory y Hellman proponen la institución de la subfamilia *Australopithecinae* para designar a un grupo de homínidos fósiles extremadamente primitivos de Sudáfrica. La propuesta tiene como fin la distinción de aquéllos de otra subfamilia, homininae, donde colocar a los homínidos más evolucionados y sucesivos. En Laetoli, cerca de la "garganta de Olduvai", en el norte de Tanzania, se descubren un maxilar incompleto de australopiteco pero, tanto su originalidad, como el comienzo de la Segunda Guerra Mundial impiden su comprensión.

1940 – Weindreich propone considerar *Pithecanthropus* y *Sinanthropus* nada más que dos subespecies de la misma especie *Homo erectus*.

1946 – Publicación de la monografía de Broom y Schepers sobre los hallazgos de Sterkfontein y Kromdraai.

1947 – Kitching descubre un australopiteco fósil en la cueva de la fábrica de cal de Makapansgat.

1948 – El Doctor Oakley, determinando el nivel de flúor, un método para la datación de restos óseos, de los hallazgos de Piltdown, llega a la conclusión de que aquellos restos óseos tenían que ser mucho más recientes de lo que se pensaba, poniendo en seria duda la autenticidad del hallazgo de Piltdown.

1953 – Gracias a las investigaciones de Oakley, Le Gross Clarky y Weiner, el fraude del "hombre de Piltdown" es casi por completo desenmascarado; la revista *Times* titula con ironía: "El Hombre de Piltdown: el primer ser humano en utilizar dientes postizos".

1955 – El eminente anatomista Le Gross Clark sostiene la adscripción de *Sinanthropus* al género *Pithecanthropus*.

1959 – Louis y Mary Leakey descubren un cráneo de australopiteco en la "garganta de Olduvai"; este cráneo es importante por dos motivos: amplifica el área de difusión del australopiteco y, gracias a la datación del depósito donde fue descubierto con el método del radiopotasio, se puede datar en 1.750.000 años. Esta es la primera medida de la verdadera antigüedad de los australopitecos, que casi multiplica por dos la que hasta entonces era considerada la duración de la evolución humana, según muchos investigadores .

1964 – Le Gross Clark sostiene la identificación de *Pithecanthropus* con *Homo*. Hoy en día el nombre *Homo erectus* designa tanto los fósiles de Java como los restos chinos y otros fósiles similares...

Estrato 5.
Outro

> *"La Nature est un temple où de vivants piliers laissent parfois sortir de confuses paroles; l'homme y passe à travers des forêts de symboles qui l'observent avec des regards familiers..."*[145]
> (Charles Baudelaire, *Correspondances*)

La narrativa de Lovecraft ha sido tanto el fin, como el medio de estas "excavaciones de R'lyeh". Hemos intentado una aproximación al trasfondo arqueológico de sus cuentos, a su idea del pasado, de la historia, a su concepción antropológica del ser humano (y no sólo humano) y a su visión arqueológica del desarrollo de la cultura de las sociedades humanas... y monstruosa. Al mismo tiempo hemos "utilizado" al escritor de Providence como una especie de filtro a través del cual (o un medio con el cual) aproximarnos a unos cuantos hechos arqueológicos que puedan aclarar nuestra comprensión, de parte de la historia del pensamiento arqueológico y antropológico del siglo pasado (y algo más), del desarrollo del concepto de prehistoria, y de cómo las ideas de una época condicionan (y a la vez son condicionadas por) la visión arqueológica que aquella época misma tiene de su pasado y del pasado de la humanidad.

---

[145] "La Naturaleza es un templo donde vivos pilares/ dejan salir a veces sus confusas palabras;/ por allí pasa el hombre entre bosques de símbolos/ que lo observan atentos con familiar mirada...".

Los arqueólogos, como los antropólogos, los escritores, los poetas, los investigadores de las ciencias sociales, no pueden ser entendidos sin una contextualización de la época en la cual han trabajado, escrito, excavado o investigado. El arqueólogo no es un individuo "fuera del tiempo", más bien, dada su involucración en la investigación del aspecto material de las culturas humanas (y él mismo, como ser humano, forma parte de una), está en constante relación con influjos externos (sociales) e internos (psíquicos). Un profesor nuestro de Arte Prehistórico afirmaba que en un ensayo de un prehistoriador hay tanto o más del mismo autor que del propio objeto de estudio. Probablemente esto sea cierto y válido tanto para este ensayo como para la literatura de Lovecraft, y los escritos (libros, diarios, artículos, ensayos) que nos han dejado muchos de los arqueólogos del pasado. Sobre este "corpus arqueológico" (que no deja de ser literario a la vez) nosotros, hoy en día, basamos nuestras observaciones sobre el pasado, no tanto como una "entidad temporal y espacial" objetiva, sino más bien como una idea, filtrada por otros hombres y mujeres, que han dedicado su vida a la definición y explicación de la dinámica de las culturas extintas.

Tal vez sea una postura demasiado extremista, dictada por una rígida deformación profesional, sin embargo, podríamos afirmar que, siempre que se dominen las técnicas apropiadas y se tenga un marco teórico que nos permita reconocer la lógica, se puede excavar de todo. Podemos excavar una cueva paleolítica, un basurero mesolítico, una sepultura de la Edad del Bronce, un castro de la Edad del Hierro, una domus romana, una necrópolis medieval, una habitación de la época moderna, una industria del siglo XIX, un asentamiento de los inuit en Alaska, de los "aborígenes" en Australia o de nativos en la selva de Brasil. De la misma manera, si ampliamos un poco el concepto de excavación, podemos excavar tanto a través de la psique humana, como a través de la narrativa de un autor. Todo está estratificado: un yacimiento arqueológico, la psique, nuestra personalidad, nuestra piel, nuestro planeta, la pintura sobre el lienzo de un cuadro, la narrativa de un escritor... Pero una cosa nos queda clara o, por lo menos, más clara que muchas otras: la imposibilidad de llegar a tener una visión completa de una estratificación del pasado, en su totalidad. El conocimiento y comprensión de todas las fases temporales (y los puntos espaciales) del objeto investigado, la comprensión integral de su vida, de su desarrollo, es decir, la posibilidad de una contemplación total del pasado es una quimera. A pesar de esto, nos quedamos con la satisfacción de poder afirmar que no nos importa y que tal vez sea mejor así.

Nos gustaría acabar este ensayo de una forma tal vez poco ortodoxa, (reflejo de la relativa heterogeneidad del mismo, a través de la producción literaria del "solitario de Providence" y de la heterogeneidad de la evidencia arqueológica de las sociedades humanas) mediante una pequeña alusión, homenaje a la poesía de Lovecraft y al trabajo de muchos investigadores de la Prehistoria.

Poco se sabe de esta breve poesía basada en versos libres y de su autor, un tal R. von Mailand, aparte de su nombre, citado en un manuscrito hallado en la colección privada del conde Von Roderichstadt por la filóloga alemana Nora Keller[146] de la Universidad Von Humbolt de Berlín, en 1999. Las circunstancias de la composición de estos versos, como de la vida de su autor, son más bien misteriosas y todavía objeto de discusión entre los académicos del departamento de Filología de la Universidad de Berlín. No se sabe prácticamente nada de él, hay sólo dos referencias a su nombre: una aparece en el diario de excavaciones de Christian Neuer, un arqueólogo austríaco activo a principios de siglo XX en el norte de España. Neuer excavó el castro prerromano de Ereñozar y en sus notas de la campaña de excavación de 1920 hace referencia a las excavaciones de algunas tumbas medievales, del año anterior, por parte de un tal Von Mailand. La otra referencia es aún más confusa. Parece que la Profesora Magdalene Falkenberg, de la Universidad de Upsala, durante una expedición el Finlandia central, en 1977, al entrevistar a unas mujeres de la zona de Kuopio, sobre las antiguas leyendas de los bosques y los lagos de aquel País nórdico, tuvo conocimiento de la presencia en la misma zona, a principios del siglo XX, de un investigador interesado en las pinturas rupestres finlandesas. Este personaje, todavía presente en la memoria de las ancianas de la zona, dijo llamarse Von Milant y ser un arqueólogo alemán.

El "manuscrito Keller" (así se denomina de forma más coloquial, aunque su nombre científico es "manuscrito 1/265-99") hasta 2007 se hallaba conservado en la biblioteca privada de los Von Roderichstadt. Después de un incendio en la mansión, acontecido el año siguiente, dicho manuscrito ha desaparecido. El incendio parece no haber llegado hasta la biblioteca, de hecho ningún volumen de la colección ha sufrido daños, pero el manuscrito Keller ha desaparecido. Nos queda sólo la transcripción, en alemán, que la investigadora que lo descubrió, hizo del texto original. Aquí mostramos una traducción de esta transcripción.

---

146 N. Keller 2001. "Aufzeichnungen zum manuskript 1/265-99". *Von Humboldt Universitätsverlag*, Berlin.

El Pasado, o una lucha perdida desde el principio[147]

...Mi pasado está roto en mil pedazos,
fragmentos desperdigados en lugares que no conozco
enterrados bajo tierra, cubiertos por el fluir
de nuevas aguas de olvido;
algunas piezas han perdido su consistencia
y han desaparecido sin dejar ninguna huella
borradas para siempre
por una memoria selectiva;
otros fragmentos han dejado
un débil rastro, una delicada
reminiscencia...
De éstos, creo que es la imaginación del momento,
más bien su efectiva, completa, auténtica existencia,
la que dibuja su silueta
la que define su forma
la que subraya sus colores.
Hay muy pocas piezas completas
todavía en la superficie, todavía vivas;
algunas, tal vez, han cambiado de función
pero siguen estimulando
mi fantasía, mi imaginación, mi vida.
Partes de mi pasado siguen con vida,
siento cotidianamente su presencia y
me recuerdan que lo que fue
compenetra a lo que es.
Algunas partes fueron, otras son
y tal vez serán.

---

[147] El manuscrito original no llevaba título. La Doctora Keller, puso este título para simplificar su consulta en los archivos.

*He emprendido una lucha
para la recuperación de todos los fragmentos,
para recomponer el cuadro en su totalidad;
quiero reconstruir la historia completa
excavando en mí mismo.
Es una lucha perdida
porque el tiempo ha
destruido irremediablemente algunas partes
y lo que queda se confronta
asumiendo un valor contemporáneo.
El puro pasado no existe,
lo que existe es la suma equivocada
del pasado y del presente,
una adición bastarda
que nunca ofrece el resultado exacto
y casi nunca el esperado.
Es una lucha ya perdida desde el principio
… sin embargo necesaria.
El cuadro nunca podrá estar completo
y los fragmentos más difíciles de hallar
son los que no se quieren encontrar,
los que, aunque presentes,
no queremos reconocer,
o ni siquiera queremos buscar.
Quizás sea mejor así,
que el pasado no sea exactamente narrado,
que falten unas partes
y que algunas sean inventadas, así que…
siempre seré el protagonista de la historia.*

Bibliografía.

Alamgro, M., Arteaga, O., Bleach, M. y Ruiz Mata D. 2001. *Protohistoria de la Península Ibérica*, Barcelona, Editoria Ariel.

Anati, E. 1999. Grafismo e semiotica nell'arte preistorica e tribale. En *Bollettino del Centro Camuno di Studi Preistorici 31-32. Grafismo e semiotica*. Capo di Ponte (BS), Edizioni del Centro, 11-32.

Arnold, B. 1990. The past as propaganda: totalitarian archaeology in Nazi Germany. *Antiquity*, 64, 244, 464-478.

Barker, P. 1981. *Tecniche dello scavo archeologico*, Milano, Longanesi. (Edición original: Barker, P. 1996. *Techniques of archaeologial excavation*, London, Batsford ltd.).

Bibby, G. 1960. *Le navi dei vichinghi*, Torino, Giulio Einaudi Editore. (Edición original: Bibby, G. 1956. *The Testimony of the spade*. New York, A. A. Knopf).

Binford, L. 1990. *Preistoria dell'uomo*, Milano, Rusconi.(Edición española: Binford, L. 1991. *En busca del* pasado, Barcelona, Crítica).

Boas, F. 1995. *L'uomo primitivo*, Bari, Editori Laterza. (Edición original: Boas, F. 1911. *The mind of primitive man*, New York, Mecmillan).

Bristow, P. H. W. 1998. *Attitude of disposal of the dead in Southern Britain: 3500 b.C.-AD 43*, Oxford: BAR International Series, Oxford, 274.

Carandini, A. 1997. *Historias en la tierra*, Barcelona, Crítica. (Carandini, A. 1991. *Storie dalla terra. Manuale di scavo archeologico*, Torino, Giulio Einaudi Editore).

Ceram, C. W. 1973. *El primer americano. El enigma de los indios precolombinos*, Barcelona, Destino. (Edición italiana: Ceram, C. W. 1972. *Il primo americano. Archeologia e preistoria del nord America*, Torina, Giulio Einaudi Editore).

Ceram, C. W. 1987. *Dioses, tumbas y sabios*, Barcelona, Destino. (Edición italiana: Ceram, C. W. 1995. *Civiltà sepolte*, Torino, Giulio Einaudi Editore).

Chapman, R., Kinnes, I., y Randsborg, K. 1981. *The Archaeology of Death*, Cambridge, Cambridge University Press.

Churchin, L. A. 1996. *España romana: conquista y asimilación*, Madrid, Gredos.

Clegg, J. 1999. Methods and aims in recording rock art in Australia, *Bollettino del Centro Camuno di Studi Preistorici 31-32. Grafismo e semiotica*, Capo di Ponte (BS), Edizioni del Centro, 319-323.

Clermont, N. y Smith, P. E. L. 1990. Prehistoric, prehistory, prehistorian...who invented the terms, *Antiquity*, 63, 242, 97-102.

Coe, M.; Snow, D. y Benson, E. 1987. *Atlante dell'Antica America*, Novara, Istituto Geografico De Agostani. (Edición española: Coe, M.; Snow, D. y Benson, E. 2000. *Atlas cultural de América antigua. Civilizaciones precolombinas*, Barcelona, Editorial Óptiima).

Conrad, J. 2000. *Cuore di tenebra*, Milano, Arnoldo Mondatori Editore. (Conrad, J. 2005. *El corazón de tinieblas*, Madrid, Cátedra).

Daniel, G. 1968. *L'idea della preistoria*, Firenze, Sansoni editore. (Edición española: Daniel, G. 1977. *El concepto de Prehistoria*, Barcelona, Labor; Edición original: Daniel, G. 1962. *The idea of Prehistory*, London, C. A. Watts).

Darwin, C. 1972. *L'origine dell'uomo*, Roma, Newton Compton Editori (Edición española: Darwin, C. 2009. *El origen del hombre*, Madrid, Formación Alcalá).

Del Boca, A. 2002. *L'Africa nella coscienza degli italiani*, Milano, Arnoldo Mondatori Editore.

Del Lucchese, A. 1996. *Museo preistorico dei Balzi Rossi. Ventimiglia*, Itinerari dei musei, gallerie, scavi e monumenti d'Italia, nuova serie, 39, Roma, Istituto Poligrafico e Zecca dello Stato.

Diaz-Andreu, M. y Champion, T. (eds.) 1996. *Nationalism and archaeology in Europe*, London, UCL Press.

Étienne R. y Étienne F. 2005. *La antigua Grecia, el descubrimiento de una cultura*, Barcelona, RBA Libros.

Frigoli, R. 2004. *Más allá de los desechos. Las prácticas funerarias de Cogotas I*. Tesina inédita, Trabajo de Grado, Universidad de Salamanca.

Fryling, C. 1979. L'erudizione del sonno, in *Necronomicon*, Roma, Fanucci Editore.

Guidi, A. 1988. *Storia della Paletnologia*, Roma-Bari, Editori Laterza.

Griseri, C. 1999. Arte rupestre australiana. Paralleli con l'arte rupestre d'Africa e d'Europa, *Bollettino del Centro Camuno di Studi Preistorici 31-32. Grafismo e semiotica*, Capo di Ponte (BS), Edizioni del Centro, 313-318.

Hodder, I. 1992. *Leggere il passato*, Torina, Giulio Einaudi editore. (Edición española: Hodder, I. 1988. *Interpretación en arqueología. Corrientes actuales*, Barcelona, Crítica).

Hoernes, M. 1928. *Preistoria. La Edad de la Pietra*, Barcelona - Buenos Aires, Editorial Labor.

Houellebecq, M. 2001. *H. P. Lovecraft. Contro il mondo, contro la vita*, Milano, Bompiani.

Jones, M. A. 1999. *Storia degli Stati Uniti*, Milano, Bompiani.

Klein, R. G. 1995. *Il cammino dell'uomo*, Bologna, Zanichelli. (Edición original: Klein, R. G. 1999. *The human career*, II edition, Chicago, Chicago University Press).

Korfmann, M. 2001. *A guide to Troya*, Excavation Guides Series: 1, Istanbul, Universty of Tübingen, Troya Project.

Labanca, N. 2002. *Oltremare. Storia dell'espansione coloniale italiana*, Bologna, Il Mulino.

Lovecraft, H. P. 1989. *Tutti i racconti. 1897-1922*, G. Lippi (ed.), Milano, Arnoldo Mondatori Editore.

Lovecraft, H. P. 1990. *Tutti i racconti. 1923-1926*, G. Lippi (ed.), Milano, Arnoldo Mondatori Editore,

Lovecraft, H. P. 1991. *Tutti i racconti. 1927-1930*, G. Lippi (ed.), Milano, Arnoldo Mondatori Editore.

Lovecraft, H. P. 1992. *Tutti i racconti. 1931-1936*, G. Lippi (ed.), Milano, Arnoldo Mondatori Editore.

Maiuri, A. 1997. L'arte paleolitica in Italia, en D. Vialou (ed.), Trieste, Electa/Gallimard.

Meyer, A. J. P. 1995. *Oceanic art*, Colonia, Könemann.

Milton, J. 1990. *Paradiso perduto*, Milano, Arnoldo Mondatori Editore. (Edición española: Milton, J. 1988. *El Paraiso perdido*, M. Álvarez de Toledo (ed.), Cadiz, Universidad de Cadiz).

Pettinato, G. 1994 a. *Sumeri*, Milano, Rusconi Libri.

Pettinato, G. 1994 b. *Babilonia*, Milano, Rusconi Libri.

Renfrew, C. 1996. *L'Europa della preistoria*, Bari, Editori Laterza. (Edición española: Renfrew, C. 1986. *El alba de la civilización: la revolución del radiocarbonio (C-14) y la Europa prehistórica*, Madrid, Istmo).

Renfrew, C. 1999. *Archeologia e linguaggio*, Bari, Editori Laterza. (Edición española: Renfrew, C. 1990. *Arqueología y Lenguaje. La cuestión de los orígenes indoeuropeos*, Barcelona, Crítica).

Riendeau, R. 2007. *A brief history of Canada*, New York, Facts on file.

Roskams, S. 2003. *Teoría y práctica de la excavación*, Barcelona, Crítica.

Rudgley, R. 1999. *Lost civilizations of the Stone Age*, London, Arrow Books.

Schliemann, H. 1997. *Alla scoperta di Troia*, Roma, Newton Compton Editori.

Stoddart, S. y Malone, C. 2001. Editorial, Antiquity, 75, 288, 233-246.

Todd, M. 1987. *The northern Barbarians*, Oxford, Blackwell.

Trotta, F. 2000. *Strabone. Geografia. Iberia e Gallia, libri III-IV*, Milano, Rizzoli Editore. (Edición española: 1998, Estrabón. *Geografía. Libros III-IV*, Madrid, Gredos).

Vigliardi, A. 1999. Considerazioni sull'arte Paleolitica italiana, *Bollettino del Centro Camuno di Studi Preistorici 31-32. Grafismo e semiotica*, Capo di Ponte (BS), Edizioni del Centro, 11-32.

Trigger, B. 1992. *Historia del pensamiento* archeologico, Editorial Critica, Barcelona (Edición original: Trigger, B. 1989. A *History of Archeological thought*, Cambridge. Cambridge University Press).

Vialou, D. 1997. *Il paleolitico. Cacciatori e artisti della Preistoria*, Trieste. Electa/Gallimard.

VV. AA. 1984. *Paletnologia*, Roma. NIS.

VV. AA. 2006. *Colonies. Un Débat français*, Paris, Le Monde 2, hors-série Le Monde.

EN LA WEB

Colonización del América del Norte y exploraciones geográficas

Discoverers Web

> Una interesante y completa página web sobre navegadores y descubrimientos geográficos:
>
> http://www.win.tue.nl/~engels/discovery/index.html

Newfoundland and Labrador Heritage

> Exhaustiva página web sobre los habitantes nativos de Canadá oriental y sobre la historia colonial de la zona:
>
> http://www.heritage.nf.ca/home.html

History of U.S.A.

> Historia de los Estados Unidos:
>
> http://www.usahistory.info/

From revolution to reconstruction

> Un hipertexto exhaustivo sobre la historia americana desde el periodo colonial hasta la época contemporánea:
>
> http://www.let.rug.nl/~usa/index.htm

Colonial America: from exploration through the american revolution

> Página web con interesantes esquemas analíticos sobre la evolución de las colonias americanas y su historia:
>
> http://www.usgennet.org/usa/topic/colonial/index.html

The Exploration of Canada

> Página web dedicada a la historia de la exploración de Canadá y sus protagonistas:
>
> http://epe.lac-bac.gc.ca/100/206/301/lac-bac/explorers/www.collectionscanada.gc.ca/explorers/index-e.html

Canadian Museum of civilization

    Visita virtual a la arqueología e historia de Canadá:

    http://www.civilization.ca/cmc/home/cmc-home

Exploration the fur trade and Hudson's Bay Company

    Página web con muchas imágenes sobre el comercio de pieles en Canadá en la época colonial y sobre la Compañía de la Bahía de Hudson:

    http://www.canadiana.org/hbc/

Florida heritage

    Página web que ofrece informaciones sobre historia y arqueología del Estado de Florida.

    http://www.flheritage.com/facts/history/summary/

H. P. Lovecraft

H. P. Lovecraft

    En inglés:

    http://www.hplovecraft.com/

H. P. Lovecraft

    En francés:

    http://www.hplovecraft-fr.com/

I racconti di Lovecraft

    En español:

    http://www.ciudadseva.com/textos/cuentos/ing/lovecraf/hpl.htm

H. P. Lovecraft

    Serie de ensayos sobre escritores del siglo XX y un interesante ensayo de S. T. Joshi sobre Lovecraft:

    http://www.themodernword.com/scriptorium/lovecraft.html

182 - *Las excavaciones de R'lyeh*

Lovecraft: master of disgust

    Ensayo de L. Miller sobre la literatura de Lovecraft:

    http://dir.salon.com/story/books/feature/2005/02/12/lovecraft/print.html

H. P. Lovecraft film festival

    http://www.hplfilmfestival.com/index.htm

Graphic classic: Lovecraft

    Dibujos sobre los cuentos de Lovecraft:

    http://www.graphicclassics.com/pgs/hpl.htm

The Call of Cthulhu: the movie

    Película de "La llamada de Cthulhu":

    http://www.cthulhulives.org/cocmovie/index.html

Arte del Pacífico (Oceanic art)

Michael Hamson Oceanic Art

    Página web de la colección de M. Hamson, con muchas fotos de objetos de Arte Oceánico y muchos enlaces:

    http://www.michaelhamson.com/index.htm

Galerie Meyer Oceanic Art

    Página web de la galería Meyer de Arte Oceánico. Muchas imágenes y enlaces:

    http://www.galerie-meyer-oceanic-art.com/

Oceanic Art Society

    Página web de la Sociedad australiana de Arte Oceánico:

    http://www.oceanicartsociety.org.au/

Oceanic Arts Australia

Página web con muchas imágenes:

http://www.oceanicartsaustralia.com/

Arte Prehistórico y Arte rupestre de los Nativos americanos

Europreart European Prehistoric Art

Portal de Arte Prehistórico europeo:

http://www.europreart.net/index.htm

Rock Art Net

Portal de Arte rupestre:

http://www.rupestre.net/rockart/

Rock Art studies

Base de datos para la literatura sobre el Arte rupestre:

http://bancroft.berkeley.edu/collections/rockart.html

Rupestre.net

Portal de "Le Orme dell'Uomo; Arte rupestre de Valcamonica:

http://www.rupestre.net/

Native American Rock Art

Galería virtual del Arte de los nativos americanos del Suroeste:

http://net.indra.com/~dheyser/

Rock Art Links

Portal que ofrece numerosos enlaces para navegar en el Arte rupestre de todo el planeta:

http://www.rock-art.com/links.htm

Auranet: Australian Rock Art Research Association

    Página web sobre el Arte rupestre de Australia:

    http://mc2.vicnet.net.au/home/aura/web/index.html

Petroglyph and Rock Art sites in Southern Nevada

    Arte rupestre del Estado de Nevada:

    http://www.forsythlv.com/

Rock Art Pages

    Arte rupestre del Estado de Colorado y del Suroeste de Estados Unidos:

    http://www.jqjacobs.net/rock_art/

URARA Utah Rock Art Research Association

    Arte rupestre del Estado de Utah

    http://www.utahrockart.org/

Explore Utah

    Arte rupestre y arqueología del Suroeste de Estados Unidos:

    http://www.exploreutah.com/explore/fun-rr.htm

Rock Art

    Página web que ofrece numerosas imágenes de yacimientos de Arte rupestre de Estados Unidos:

    http://www.so-utah.com/feature/rockart/homepage.html

Petrogliph.US

    Arte rupestre de los Estados Unidos:

    http://www.petroglyphs.us/index.htm

ESRARA Eastern States Rock Art Research Association

    Portal de la Asociación para la investigación del Arte rupestre en los Estados Unidos orientales:

    http://www.public.asu.edu/~rexweeks/Eastern_States_Rock_Art_Re.htm

Arte rupestre – Rock Art

    Arte rupestre contemporáneo:

    http://www.arterupestre-c.com/index.htm

Arqueologia y Prehistoria

Archaeology Channel

    Portal del Canal de Arqueología, con muchos vídeos:

    http://www.archaeologychannel.org/

Antiquity

    Una de las más prestigiosas revistas de arqueología:

    http://antiquity.ac.uk/index.html

Project Troy

    Página web sobre las excavaciones en Troya:

    http://www.uni-tuebingen.de/troia/eng/index.html

Stonehenge Riverside Project

    Página web sobre las excavaciones en Stonehenge:

    http://www.shef.ac.uk/archaeology/research/stonehenge

Museo de Amércia, Madrid

    Página web del Museo de América de Madrid:

    http://museodeamerica.mcu.es/

Museo Arqueológico Nacional, Madrid

    Página web del MAN de Madrid:

    http://man.mcu.es/

# AHIA: Colección Arqueología Pública

---

AHIA significa 'burro' en Amárico, la lengua principal de Etiopía... La imágen es un pequeño burrito reinterpretado de un panel de arte rupestre en Las Batuecas, Salamanca. ¿Era un burro de verdad? Las cabras de al lado sí parecen claras, el burro me lo parece a mí. Pero sólo quien lo pintó lo sabe.

La Arqueología Pública intenta acercar nuestra disciplina a la sociedad. Por ello, con esta colección pretendo promover títulos que se salen de la tónica habitual de la investigación arqueológica, acoger a esos estudios que analizan el pasado, el presente y el futuro de la Arqueología con vistas a la sociedad. ¿Por qué? Porque cada día se hace más necesario otorgar a la sociedad la importancia que se merece dentro del proceso de investigación arqueológica.

AHIA es la primera colección de su clase editada desde España y promete convertirse en un referente.

Espero que disfruten de esta colección.

Un saludo,

Jaime Almansa Sánchez, Editor